版权声明

Copyright © Julia Moor 2008
First published in the UK in 2008 by Jessica Kingsley Publishers Ltd
73 Collier Street, London, N1 9BE, UK
All rights reserved
Printed in China

保留所有权利。非经中国轻工业出版社"万千心理"书面授权，任何人不得以任何方式（包括但不限于电子、机械、手工或其他尚未被发明或应用的技术手段）复印、拍照、扫描、录音、朗读、存储、发表本书中任何部分或本书全部内容，以及其他附带的所有资料（包括但不限于光盘、音频、视频等）。中国轻工业出版社"万千心理"未授权任何机构提供源自本书内容的电子文件阅览、收听或下载服务。如有此类非法行为，查实必究。

与自闭症儿童一起做游戏

Playing, Laughing and Learning with Children
on the Autism Spectrum:
A Practical Resource of Play Ideas for Parents and Carers (second edition)

［美］朱莉娅·穆尔（Julia Moor）／著

昝 飞／译

中国轻工业出版社

图书在版编目（CIP）数据

与自闭症儿童一起做游戏／（美）穆尔（Moor, J.）著；昝飞译．—北京：中国轻工业出版社，2016.9（2023.1重印）

ISBN 978-7-5184-0935-8

Ⅰ．①与… Ⅱ．①穆… ②昝… Ⅲ．①缄默症－儿童教育－特殊教育 Ⅳ．①G76

中国版本图书馆CIP数据核字（2016）第103719号

总策划：石　铁
策划编辑：戴　婕　　责任编辑：戴　婕
责任终审：杜文勇　　责任校对：刘志颖　　责任监印：吴维斌

出版发行：中国轻工业出版社（北京东长安街6号，邮编：100740）
印　　刷：三河市鑫金马印装有限公司
经　　销：各地新华书店
版　　次：2023年1月第1版第4次印刷
开　　本：710×1000　1/16　印张：16
字　　数：133千字
书　　号：ISBN 978-7-5184-0935-8　定价：45.00元
著作权合同登记 图字：01-2015-2287
读者热线：010-65181109，65262933
发行电话：010-85119832　传真：010-85113293
网　　址：http://www.chlip.com.cn　http://www.wqedu.com
电子信箱：1012305542@qq.com
如发现图书残缺请拨打读者热线联系调换
151369Y2X101ZYW

推　荐　序

　　十几年来，有关"来自星星的孩子"——自闭症儿童这一主题的内容不断受到人们的关注。电影《海洋天堂》的热映让公众很快熟知了"自闭症"这一名称，也让人们看到了自闭症孩子的一些特殊表现以及父母在养育过程中的辛劳与焦虑。而更多挑动公众神经的则是不断出现的有关"普通学校或者普通学生家长拒绝自闭症儿童入学"方面的负面新闻事件报道。在这些报道中，我们可以看到多方成员所面临的挑战及所遭遇的困境。无论是学校、老师，还是普通孩子和自闭症孩子的家长，他们都需要更深入的专业支持。

　　无论自闭症是由何种原因导致的，佢无可争辩的一个事实是自闭症儿童的数量一直在增加。已经毕业十多年的学生回忆，十几年前刚刚工作时，学校里每个班级最多有一个自闭症孩子，全校最多也只有五六个。但是现在，情况已经发生了很大的改变，普遍情况是一个班级中大约有两三个自闭症孩子，有的班级中甚至一半的孩子是自闭症。从我本人给特殊儿童家长做咨询的经历来看，这几年来咨询的家长大多数是自闭症儿童的家长。按照2014年美国疾病控制与预防中心发布的自闭症发病率统计数据，2002年出生的孩子，自闭症发病率为68∶1，其中男孩的发病率为42∶1。这是一个事实！当今世界，父母比以往有更高的概率生育一个自闭症儿童，而教师也比以往有更多的机会遭遇自闭症儿童。

　　很多人都会问，为什么自闭症儿童的数量一直在增加？目前谁也无法回答这个问题。但不管原因如何，对于家长和老师来说，所面临的挑战一直以来只有一个：就是如何支持他们、帮助他们，让他们也能和其他孩子一样有一个更好的发展空间，最终能适应生活、适应社会。在自闭症孩子的成长过程中，每一位父母都经历着同样的痛苦与煎熬。在咨询以及与家长合作的过程中，我能深切地体会到这种痛苦与煎熬，父母自身需要支持与帮助，也需要成长，但更能让他们受益的肯定是自助。正如一些家长所说，最能帮助自闭症孩子的是父母。父母是最揪心的人，也是最愿意投入时间、精力和金钱去帮助孩子的人。我见过不少家长，他们花费了大量的时间和金钱，辗转全国，甚至去国外寻求治疗，他们阅读了很多的资料，抱着极大的期望去尝试各种治疗和干预训练方法。在中国，绝大多数自闭症康复训练机构都是由这样的家长所创办的，他们秉着一腔期望，在自己孩子身上实践各种干预训练方法，然后再致力于让其他自闭症儿童及其家庭受益。

按照《精神疾病诊断与统计手册》（第五版）的诊断标准，自闭症谱系障碍儿童的症状表现为：在跨越多场景的社会沟通和社会交往上存在持续性缺陷；活动重复、行为刻板以及兴趣狭窄。但每个自闭症孩子由于其认知能力、语言能力、运动能力等发展水平不同，各有差异，在谱系中的位置也不尽相同。一些自闭症孩子由于认知功能水平较高，可以学会语言，也有社交意愿，但在社交技能尤其是涉及社会情感的沟通方面存在普通人难以理解的障碍，这一障碍将会影响他们与他人的相处与交往。随着自闭症孩子年龄的增长，社会交往范围的扩大，其负面影响会越来越明显，而严重的自闭症儿童可能连社会交往的意愿也明显缺乏，长时间沉浸于重复刻板的自我刺激行为中。如何在儿童早期对他们开展针对性的干预，发展其社交技能，是研究者、教育工作者和家长最关心的问题。

这也是翻译此套自闭症儿童家长用书的初衷。我们希望通过此套书，能够让家长拓展视野，学会利用日常生活中各种与儿童接触的机会，逐渐发展孩子与外部世界的联系，促进他们社交技能的提高。本套书共三本，但各有侧重。

《与自闭症儿童一起做游戏》 这本书着重指导家长在日常生活中利用各种资源与儿童一起游戏，并在游戏中促进他们各方面能力的发展。游戏是儿童早期发展的重要途径，游戏的本质是玩与乐趣。让自闭症儿童在游戏中体会乐趣，继而更投入到游戏中，享受与人相处，从而与人建立良好的沟通关系，提高社交技能，是本书的重心所在。

《给自闭症儿童父母的101个建议》 这本书介绍了不同于应用行为分析的方法——米勒法，其主要内容是指导家长如何利用自闭症孩子的潜能与优势，发展他们的共同注意、互动沟通技能，以及如何处理他们的发脾气行为等。

《自闭症儿童社会规则训练》 这本书则是从一个自闭症人的角度详细介绍了这类个体在人际交往中遇到的各种问题以及基本的社交策略，并解释了为什么这么做的原因。该书能够帮助自闭症孩子更好地了解和学习正常个体在人际交往中的基本社交策略，同时也能让家长、老师以及其他人员更好地理解自闭症孩子的社交行为，调整与他们相处的方式，容忍并接纳他们非常规的一些社交行为。

这三本书语言通俗，有些甚至非常口语化，完全不同于学院派的写作风格，而且因为是当事人的真实体验与实践，因而对自闭症孩子及家长更具有参考和指导价值。在自闭症儿童早期干预领域，创造性地利用生活中的各种资源，设计契合他们需求的干预活动或者游戏，才能真正帮助他们。这套书提供了很多制作玩具、设计游戏的策略与思路，有关干预以及如何与他们相处的建设性建议有时甚至会给人脑洞大开的感觉！

感谢策划出版本套书的出版社——中国轻工业出版社"万千心理"一直以来对特殊儿童教育与干预工作的关注，使得我们有机会翻译这套书，也感谢本套书的编辑戴婕老师的大力支持！

对于书中译文的不当之处，敬请读者批评指正。

昝飞

2016年1月于上海

前　言

当我们的儿子罗宾在两岁半被诊断为自闭症时，就像之前千千万万的父母一样，我们也像坐过山车一样经历了典型的情绪反应：惊愕、悲伤、对未来充满恐惧，但最后是缓解。儿子的生活充满了痛苦，难以让人忍受的、重复的、毫无意义的仪式性行为以及对我们回应的抗拒，对于这一状况，我们最终有了一个名字，我们确信他聋了。

在罗宾两岁时，他对于周围的世界和人们大多是回避的。他的关注点仅仅是在一些"细节"上，且没有任何寻找"整体"意义的动机：车子上的轮子、玩具上的绳子、容器上的盖子。直接干预、充满热情的声音以及用身体鼓励他"好好地玩"，都会引起他歇斯底里的尖叫。

当罗宾得到诊断的时候，我们仍旧感到苦恼，就像我们得到了一张地图，它并没有让我们走出迷宫，仅仅是让我们了解我们在迷宫的哪里。

除了要处理强迫性行为、僵化、焦虑以及挫折外，我最关心的是如何让我的儿子在家里参与到有意义的活动中——如何帮助他游戏？虽然关于自闭症有很多有价值的信息，但是我发现只有很少的资料涉及如何与我的儿子游戏——以消磨他的时间。凭着作为一个母亲的直觉冲动，我研究了过去儿童发展方面的内容，我知道他正在失去他童年非常重要的一部分；看到他毫无意义的仪式性动作以及持续地关闭自己，我的心都要碎了。

有12个月的时间，我主要关注的都是如何毫无痛苦地度过每一天，但是我还想为我的儿子做得更多，我对自闭症感到很愤怒，因为我认为它抢走了我儿子天生的权利。有这么多的事情被禁止去做；他的世界（以及我的）正在变得越来越小。在这个年龄，好奇心应该驱使他往前行动——去探索、去交流、去体验和理解他的世界——而我的儿子仅仅想将它关闭在外。令我感到挫折的是，我知道我的儿子有巨大的潜力，但能干的、聪明的小男孩被他的另一种大脑思考和加工方式所控制了。

就跟有些人所认为的那样，每一件事情都有实际解决的方法，我决定将自己从"为什么是我们"这个坑里拔出来，首先去真正尝试理解儿子的障碍，其次，去了解作为一个个体的他是如何表达他的自闭症的。有了这些信息之后，我知道，虽然可能没有奇迹发生，但是我至少做出了明智的选择，我以我的能力做着每一件事情，来缩短他的世界和我的世界之间的距离。接着，我感到我必须找到一种建构性的方法来填满这个小男孩每周、每月的日子，他就是不想与这个他出生的星球打交道。我还不了解他。

我开始意识到，直接进行互动的"前门"方法是没有用的："看这个""让我们做这个""来这里看看"——对他来说，它们都是反对或者跑开以及逃避互动的线索。本能地，我感觉到要接近我的儿子必须是另一条路，通过尝试和错误，我发现真的有"后门"，我可以偷偷地进去并抓住他的注意，而他根本意识不到我正在做的事情！

慢慢地，通过两年的时间我们建立了一套游戏的程序，将相似的、间接的策略从一个活动迁移到另一个活动，收获了成功，也从失败中学习。我发现，如何去改善沟通，如何去建构一天的生活，不仅仅是一系列的活动，而且还是一系列的任务。我还发现，运用各种动机策略，我可以在一天中安排简短时间的直接学习。

通过与其他父母进行交谈，我发现他们也有非常相似的做法。在调查了100名这样的父母之后，有一些想法，但更多的是绝望。我们的孩子都很特别；他们用很独特的方式处理他们的自闭症，并且不同程度地受到多种相关的学习困难的影响。但是，还是有许多常见的线索：对例行程序和视觉线索的需要、感觉负荷过度的问题、自然的想逃避熟悉范畴之外的任何事物的动机。

　　在开始我们的旅程时，我需要一本有关想法以及与我儿子的特殊问题有关的书。我所认为的与教养有关的每一件事情——给予爱、关注以及富有刺激性的环境——都被他的诊断改写了。这剥夺了我作为一个母亲的自信。我质疑一些常识，因为它们常常无法起到作用。但是，这本书就是一本关于常识的书。妈妈和爸爸在帮助孩子达到最佳潜能方面处于首要位置。父母要有无条件的爱、关于他们这个独特孩子的丰富的知识以及对"不管花费什么都要坚持下去"的动机和承诺。对学习障碍成人（许多人有自闭症或者自闭症特征）13年的教学经历，再加上作为一名心理学家的思维方式，常常挑战我去发现"分享空间"的途径，理解我的这些"非典型"思考者是如何进行学习的。但是，作为一名"非典型"男孩的母亲，这种身份则促使我将各种游戏的观点聚集在一起，为有相似挑战的父母提供资源。我希望，这本书提供给你的不仅仅是一堆有用的观点，而是帮助你发现与孩子一起游戏的途径，它将重塑自信、重建关系。这里描述了一些可供分享和尝试的观点，有一些可能有效，有一些则可能无效——它们并不是一个大家不得不列举和完成的任务清单！请选择那些你觉得你的孩子已经做好准备去做的或你很有自信去尝试的；剩下的则留到几周、几月甚至几年以后。

　　我们孩子的发展并不符合其年龄和阶段，也没有年龄指南。要仔细监控你的孩子现在能做的以及接下来准备去做的，不断向前推进，但是不要冒进，不要将超过他能力的期望强加到他身上。更为重要的是，要通过真正观察和理解你的孩子，你才能学会去适应他最能接受的时间段，调整环境去增加这些机会，并用可延长这些时间的方式与他互动。

　　与自闭症孩子一起生活，并爱他，是一趟我们期望从为人父母那里学习和再评估的不可思议的旅程。作为父母，当我们的孩子第一次被诊断为自闭症时，我们常常感到无助——但是，作为父母，我们也站在最有可能帮助孩子的位置上。

目 录

- 1. 为什么游戏如此重要？ …………………………………………… 001
- 2. 早期游戏技能：获得关注和分享空间 …………………………… 005
- 3. 结构性游戏 ………………………………………………………… 017
- 4. 你的计算机是宝贵的资源 ………………………………………… 031
- 5. 玩具，玩具，玩具 ………………………………………………… 041
- 6. 桌面游戏和益智类玩具 …………………………………………… 059
- 7. 音乐 ………………………………………………………………… 077
- 8. 游戏中的轮流 ……………………………………………………… 097
- 9. 体育游戏和活动 …………………………………………………… 111
- 10. 户外游戏 …………………………………………………………… 131
- 11. 水游戏 ……………………………………………………………… 151
- 12. 电视的潜力 ………………………………………………………… 163
- 13. 创造性：艺术和手工 ……………………………………………… 173
- 14. 编制具有想象力的游戏序列 ……………………………………… 187
- 15. 引入书和阅读 ……………………………………………………… 203
- 16. 问题、挫折感和发脾气：让游戏更有趣 ………………………… 231

可用的图片资源 …………………………………………………………… 241

· 1 ·

为什么游戏如此重要?

想一想你的童年时代——你最早有关如何消磨时光的记忆。也许你认为，你并没有做什么特别的事情，仅仅是玩玩玩具、与朋友一起，但实际上，你所做的却是以一种最奇妙的方式让你向成人期发展，并为之做好准备。游戏和社会发展这两者紧密相关——前者是后者的媒介。支撑游戏的则是互动——从婴儿和其照顾者之间本能的模仿性手势及早期互动，发展到学龄儿童复杂的想象游戏。通过这些互动型游戏，儿童开始形成他是谁即他自己的角色的概念，当他开始从别人而不是自己的角度去理解时，他的社会意识就产生了。他也学会了一些社会技能，比如合作、共情和尊重。

社会发展不仅仅是能玩游戏的一个结果。在下述领域，游戏也是一个很有用的途径：

- 发展"象征性理解"——理解玩具能够代表真实的物体。能够用这种方式理解象征符号，可以让儿童了解真实世界，如何与他们所处的环境进行互动，将语言所必需的结构放在合适的位置。
- 测试实物如何工作以及动作如何改变效果，比如，"如果我将这个坡道举起来，玩具车就会滑下来""如果我将水从这个烧杯倒进这个小杯子里，将会发生什么呢？"
- 安全地试验某些可怕的想法，比如，"大灰狼现在藏起来了，如果我发出噪声，它就会来抓我……"。
- 找出人与人之间的关系，在特定的情境中如何表现以及期望做什么，比如，玩看医生、过家家以及当老师的游戏。
- 通过音乐、舞蹈、绘画、玩橡皮泥等方式表现想象力和创造性，给儿童一种对成就的尊重和荣誉感。
- 利用玩具再现每日的生活情景，有不同的故事情节和结果，比如，"妈妈和小女孩出去散步，哦，没有小女孩掉下来……让我们拿一个膏药"或者"……叫辆救护车"或者"……吻吻它就会好了"。

这里所列举的游戏之所以重要的原因清单并不明确，很明显，儿童并不完全意识到他自己为什么玩游戏——他只是想玩而已。他的本能鼓励他去与周围的人、所处的环境进行互动，在他这么做时他感觉很好，而这激励他继续这么做。

为什么游戏对自闭症儿童如此困难？

首先来看看所有自闭症谱系儿童常见的问题（程度有所不同）：
- 语言问题，包括言语内容的表达和理解。
- 社会互动方面的问题——不愿意让其他人分享经验，缺乏对他人想法、情感和动机的理解，对面部表情、音调等非言语线索的解释存在普遍的问题。
- 想象问题——在把握想象性情境的意义方面存在困难，常常导致重复、固执强迫行为，而后者仅仅对儿童自身具有某种含义。

假如上述任何一项都是能够让儿童玩游戏的重要内容，那么毫无疑问，自闭症儿童会感到不知所措和困惑，并求助于那些只对他们有意义、令他们感到舒服的活动，即使这些活动是那么的刻板和不恰当。

游戏实际对我们意味着什么？

当我们注意到游戏时，第一个冲入我们脑海的就是玩具的使用。这会对我们产生误导——如果放任一个3岁的非自闭症儿童在一个充满了不熟悉的玩具的房间里，他将会快速地从一个玩具转向另一个玩具，并不知道要对它们做什么；他需要与成人进行互动——要成人帮助他，他才能够与另外一个孩子分享经验。常常，互动要比玩具本身更具奖励性，他因成人对某个物体感到快乐而感到快乐。事实上，成人的反应教会他如何去应对，然后他能将它们迁移到新款的熟悉玩具中。

因此，玩游戏的关键是互动。"但是这对我的小孩如此困难"，我听到你这么说。当然很难，特别是当你的孩子完全不理解沟通"意味"着什么的时候。你互动的广度和质量将根据你孩子的障碍水平而有所不同，但是当你开始为学习和沟通进行构建的时候，未来你的努力（你将需要非常多的努力！）将会给你和你的孩子带来回报。玩具就是通过游戏帮助互动的工具，常常只需要很少或者甚至不需要；只要有一个盒子、一张垫子、一个球或者你已经有的玩具，你就可以玩一个游戏。

将这些观点集合在一起，所揭示出的事实是：虽然教你的孩子在特定的场合如何表现、回应是很有用的，但是，发展他对互动的真正的愉悦感将激励他寻求互动（这可能将更好地应对其自闭的大脑），让他的社会性发展到最佳的水平。

本书的使用

试试读第 2 章、第 3 章和第 5 章，这几章关注的都是一些普遍性原则，即采取间接的非对抗性游戏与短小的结构化的指导性游戏相结合的方法。

它们将给你一些想法，有关如何找到吸引儿童注意的不同路径，如何为他创造互动和沟通的机会，以及如何使用和组织你已有的那些游戏装备。其他章节则关注某些特定的游戏领域，介绍了一些关于如何接近他们以及让互动机会和学习潜能最大化的实用性做法。但是，并不是所有游戏都适合你的孩子。有一些游戏被认为很难让那些存在其他学习困难的儿童接触；而另一些可能适合会说话的儿童。你要选择那些适合你孩子的游戏，以及你感到需要努力的领域。

· 2 ·

早期游戏技能：获得关注和分享空间

"分享空间"意味着什么？

"分享空间"意味着在同一时间你们的注意力共同集中在相同的事物上，你们两个人也许都在经历相同的反应，都意识到对方也参与在其中。非自闭症儿童在此方面是很自然地、频繁地发生的，以致父母和儿童都没有意识到这一点。当然也没有分析的必要。但是，作为自闭症儿童的父母，我们需要意识到工作开始的过程，这样，我们能够有意识地制造一种"分享空间"的感觉。"分享空间"并不是简单地分享相同的物理经验，它更多的是指分享注意、情绪和彼此理解，所有这些对儿童的早期沟通都非常关键。

逃避的冲动

相比同伴而言，年幼的自闭症儿童实际上有逃避"分享空间"的冲动，促使他去抵制由眼神接触、身体接触以及来自他人互动而产生的不舒适。结果，他们也因此逃避了由沟通带来的益处或者沟通实际上对他们"意味"着什么这一真正的学习。通过精心设计活动，鼓励你的孩子快速地分享他的注意，这样你就能超越他最初的厌恶感，向其展示沟通实际上是一件很好的事情。有能力进行沟通（即使是以他能够采用的方式），将使他能够以某种方式表达他的需要、情绪，理解他人以及他所处的世界，这从长期来说将减轻他的焦虑。要认识到直接地与你孩子进行互动的方法可能会引发他的焦虑和不舒适感。要将你对这些感受的理解反映在温和的、非侵入性的互动上，在使用直接方法时要保持时间短暂、舒适。

怎样与自闭症儿童"分享空间"？

在你尝试与孩子在可以被称为"共同游戏"这样的水平上进行互动之

前，你需要认识到，尽管这些感受是如此不舒适，分享空间即使只有几秒钟的时间，也是如此有趣，且可以带来一些效益，这能够让他克服将你关在外面这样的冲动。

当父母意识到孩子不愿意让自己进入他们的"空间"时（孩子的年龄通常是12—18个月，当我们期望他们能够有联同注意时），我们采取的常规做法是：我们的声音会变得特别的热情，会将孩子的身体拉向我们，讲话声音更大（如果有听力问题），有时也会诉诸于这样的解释："也许他只是想按照自己的步调来做"。有时一些做法可能起作用，我们就会非常庆幸地继续这么做——玩闹、挠痒痒、唱歌——所有这些似乎看起来都能快速地带来一些反应，但通常我们正在做的这些是没有一点方法或结构的。如果你很幸运地在早期获得了诊断，那么，你要对为什么你的孩子表现出这一方式有更深刻的理解，这也许可以帮助你——但是你从哪里开始呢？

沟　　通

你怎样创造沟通的动机呢？

要观察你的孩子什么时候最容易被接近，记下这些时间。它们可能是：

- 他被挠痒痒的时候。
- 你对他唱歌的时候。
- 你与他玩闹的时候。
- 他吃他很喜欢的食物的时候。
- 他在蹦床上跳的时候。
- 他在水坑里踩水的时候。
- 他洗澡的时候。
- 他很放松、躺在床上的时候。

它也可能是上面没有列举出来的其他时候，在这些时间里，他看起来总是很有接受性、很放松，愿意看着你（尽管总是转瞬即逝），它甚至可能是你以前从没注意过的时间，比如坐在车里（作为一名乘客坐在他的旁边，观察他对你的反应），或者在公园里荡秋千的时候。

一旦你找出这些时间，你就可以将它们作为你真正工作的时间。你可以向你的孩子展示，与人沟通意味着什么——它本身就会带来奖励。

☺ 要鼓励孩子触碰你，并产生一个他发现很具有吸引力的反应。例如，引导他的手放到你的脸上，当他碰你的鼻子时，你发出"哔、哔"的声音，或者伸出你的舌头。每次你都要做出相同的反应，这样他会意识到相同的动作会产生相同的反应，他会想一遍一遍重复这一游戏。当他掌握这一动作之后，让他碰你脸的其他部位，然后你做出新的反应。碰他的脸，鼓励他跟你一样发出声音。当他晚上躺在床上或者洗澡的时候，这是一个很好的游戏，可作为最后玩的一件事情。

☺ 当你参与他喜欢的游戏时，比如，挠痒痒，可以停下来，有个较长时间的停顿（常常超过你感到舒服的时间长度），然后等你孩子做出一个手势，表示他想继续这个游戏。他也许会与你有眼神接触，或者将你的手拉向他。你的反应可以是看向你的孩子，说："你还想玩更多，是吗？"然后继续这一游戏。

☺ "躲猫猫"游戏——拿一个垫子或一件衣服挡在你的脸前，或者藏到某件物品的后面（大盒子或者游戏隧道都非常棒）。要制造较长时间的停顿来营造期待的氛围，要给你孩子一个空间，让他表示他想继续玩这个游戏。

☺ "做丑脸"——用你的手遮住你的脸，当你移开手的时候，变换你的表情。可以尝试戴一顶帽子，或者用口红在鼻子上点一点红，这样你孩子就会真的看到你的脸。在你变换表情之前，要鼓励他与你进行眼神接触。

☺ 跳舞——和你的孩子一起随着音乐节奏摇来晃去，然后停下来，给他一个停顿，让他表示他想继续玩（更多舞蹈或音乐活动，可参见第7章）。

早期游戏技能：获得关注和分享空间

☺ 朝着他的手掌/肚子吐舌，发出呸呸声——当你再次做之前，要等待他的眼神接触。

要让你孩子控制他让你进入他的空间的时间长短——我发现，当我试图延长一个活动，并迫使我的注意力集中在我儿子身上时，中止这个特定的活动的做法会对他很有吸引力。

一旦你熟悉了他试图与你沟通时他是如何反应的，你就可以寻找更多接近他的途径以及更多与你互动的机会。

可尝试的想法

☺ 气球——可以将吹得鼓鼓的气球散放在房间里，将它们的气放掉，这个游戏非常简单，但常常很有效。这么做的时候可以说"各就各位，预备，开始！"这样让孩子有所期待。在你放掉气球的气之前，要留下停顿时间，这样孩子会期待之后的活动，会被激励着甚至尝试说"开始"，或者做出一个动作比如眼神接触向你表达。一些很新潮的商店里常常会卖由气球驱动的东西，比如在地板上移动的小汽车或者直升飞机。这种类型的店铺并不售卖面向年幼儿童的东西，但是它们很值得光顾，让你能找到孩子很难忽视的新奇的东西。不要将这些东西留在孩子可能拿到的地方，因为它们不够安全或者会有一些小部件，孩子可能会吞下去——它们仅仅适合成人监督下的游戏！可以将一个充满气的气球拍向你的孩子；如果也喜欢某个特定的物体，可以将它画在气球的表面（或者将它的图片粘贴在气球上）。

☺ 吹泡泡——有很多不同的吹泡泡的工具/手柄。在你吹出更多泡泡之前，不要忘记等待孩子与你有眼神接触。如果孩子也想吹，帮他选择一个容易抓握的（没有药片的特殊容器也是可以的）。如果一开始你就用吹泡泡吸引了孩子的注意力，让孩子产生了想沟通的动机，那最好是由你控制吹泡泡，否则游戏很快就会转变成他的独自活动。但是，之后，你可以将这个吹泡泡的游戏作为奖励物，来奖励孩子尝试具有更多要求性活动的行为。要鼓励孩子吹气，这对他的言语肌肉是一种很好的锻炼。如果他在吹气方面存在困难，可以尝试用电池控制的小风扇/吹泡泡机，这可获得即时的效果（他也很容易使用）。也可以尝试有内置风扇或者装了哨子的吹泡泡用的手柄。要当心别让装着这些东西的瓶子本身比吹泡泡还更有趣！如果孩子喜欢这种类型的容器，也要注意让这些东西远离他们的视线，而只是给他吹泡泡用的手柄。如果你担心地毯被弄湿，可以将毛巾铺在地板上，这样你的注意力就不会转移了，你也能真正获得乐趣。

☺ 羽毛——一些自闭症儿童会对羽毛的轻柔触碰感到很不舒服，而另一些孩子（就像我的儿子）则发现，用它来挠痒痒或者来挠我是很有趣的。可以尝试那些真的很大、色彩明丽的羽毛，你可以在缝纫店或者手工艺品店找到它们。不要只是将它们用于接近你的孩子——可以用它来挠泰迪熊、兄弟姐妹们，还有你自己，直到他开始注意，并轻柔地用它挠自己，要给他留下足够长的停顿时间，以形成他的期待。

记住，要让眼神接触对孩子来说是很容易的。你可以蹲下来，与孩子保持视线平行，甚至更低，不要让他仰视你。

☺ 要分享孩子所选择的活动。如果他满房间奔跑，制造噪声，那么就模仿他！就好像他的行为是有意图、有意义的。当你模仿他的行为一会儿之后，停顿一下，等待他给你一个反应。要给他留下充裕的空间，来看他是否还想继续。可以尝试引入一些你自己的活动变化，鼓励他模仿你。如果你想更多地了解这种密集互动策略，可参考本章末尾部分。

☺ 如果孩子正拿着一个玩具，要表现出他正在向你展示玩具的样子。将它举起来（但没必要将玩具从他手里拿过来），然后谈一谈这个玩具。

☺ 注意捕捉者盒子——出于纯粹实用的目的，你可以将你和其他人能够使用的一起放入一个道具盒子里。我常常发现，一些丑丑的、新奇的小东西看起来很有潜力——它们有的有用，但有的则没用，不过，最终我有了一盒子的小型秘密武器。我不让我的儿子拿到它们。这不是一个可以满足所有目的的玩具盒子。这个盒子里可收藏的东西包括：

- 一个陀螺。
- 一根羽毛。
- 一个手套式玩偶。
- 一个吹泡泡用的机器。
- 一个吹风机。
- 一只溜溜球。
- 一只粘粘球（将它扔向墙，它会慢慢滑下来）。
- 一些透明胶带（我儿子喜欢这个声音）。
- 一个磁性旋转海豚。

你可以尝试举起两样东西，鼓励孩子指出他想要哪一个——如果必要，手把手地训练他将手指指向某个物体。在整个一天当中，当他去抓一些东西时，都要鼓励他这么做，在给他之前，可以按住他的手指向一个点，然后再碰碰这样东西。通过说"指……（不管他正在要求的是什么）"，对他的行为进行强化。

注意：要常常小心，别将孩子喜欢到迷恋程度的物品纳入进来，否则，它就会比你或者互动更加吸引孩子！

继 续 前 进

当你发现有不少方法可以吸引孩子注意几秒钟的时候，可以将这些方法用于其他活动上，以便延长这一时刻。你正在做的事情就是利用孩子感到很有乐趣的事情（比如，挠痒痒），使他与那些他最初不会产生反应的事情建立起联系——例如，可以采取下述任何一种做法：

- ☺ 说唱。
- ☺ 合着打鼓节奏解说。
- ☺ 采取一种特殊的手部动作节拍。
- ☺ 摸脸，对眼睛、鼻子等进行命名。
- ☺ 玩"骑马"游戏——尝试比玩闹更加安静的方式，重心放在歌曲上。

下面的这个案例介绍了这个活动可以如何开展。

个案：安德鲁

3岁的安德鲁喜欢别人挠他痒痒，他的父母也喜欢挠他痒痒。在挠痒痒的时候，他会开心地尖叫，盯着他们的脸，允许他们碰他——他"和他们在一起"。当这个活动停止后，安德鲁的这种反应就再次消失了。他的父母为此感到十分挫败，他们知道他可以与他们分享空间，但这仅限于他被挠痒痒的时候。他们不知道该如何继续，他们也意识到需要拓展这一方法。开始时，他们增加了挠痒痒和玩闹的次数。后来，他们不得不放弃这样的想法，因为这不是与非自闭症儿童进行互动的方式。

随后，他们开始将挠痒痒与另一个活动吹泡泡配对联结在一起。当安德鲁被他妈妈挠痒痒的时候，他的爸爸就开始吹泡泡。开始的时候，安德鲁似乎没有注意到，但慢慢地，他开始有意识地注意到了泡泡。当他注意的时候，他的妈妈放慢了挠痒痒游戏的动作，以便让他专注于泡泡上。在这一段时间，安德鲁的注意力在这两件事情上转来转去，而且他开始去触碰他的父母，寻求与他们短暂的眼神接触，当然这依赖于他想要哪一个活动，吹泡泡还是挠痒痒。

然后，吹泡泡之后跟随的是挠痒痒（同时安德鲁仍旧有很多时间做这个，并且很享受这个）。安德鲁的父母发现，他对吹泡泡是可以接受的，而且令他们感到非常惊奇的是，安德鲁会伸出手去碰泡泡，并且在拍打泡泡的时候大笑。这一次，他的爸爸妈妈停顿了较长时间，让安德鲁告诉他们他想让这个游戏继续。不管他采取什么样的动作，说什么样的话，他们的反应总是对他说"更多泡泡吗？是！"如果他们感觉到他再一次进入了独自一人的空间时，他们的反应常常是对他挠痒痒。如果他开始移动，他们就慢慢地越做越少。如果他有反应，他们就继续。安德鲁常常控制着活动的持续时间。

两周之后，在没有被挠痒痒的情况，安德鲁也对吹泡泡有了反应。现在，他的父母有了第二种接触他的方法：通过将新的活动与旧的活动联系起来（挠痒痒和吹泡泡），他们不断地获得了积极的结果。他们选择的下一件事情是说唱。当安德鲁的爸爸吹泡泡让他拍的时候，他的妈妈开始说唱所发生的事情（用他熟悉的曲调）。比如：

"安德鲁在沙发上，安德鲁在拍泡泡……看，看，一个大泡泡……安德鲁在拍泡泡……爸爸在吹泡泡……吹，吹，吹……爸爸在吹泡泡……拍，拍，拍……泡泡在窗户上，泡泡在地板上，看，安德鲁吹泡泡，吹，吹，吹……"

安德鲁的妈妈尽可能地用大量重复词语和韵律的方式进行说唱，一直对安德鲁实际正在做的事情进行描述。这花费了一段时间才让她感到做这个很舒服，但她很快发现这种方法很有用，而且很有趣。

同样，在开始的时候，安德鲁又忽视了这些解说，仅仅只是关注吹泡泡，但是慢慢地，一旦吹泡泡游戏被提到的时候，他就开始听他妈妈唱歌。很明显，对他来说，解说词跟吹泡泡一样重要，之后他们就可以开始说唱其他事情了，比如，当安德鲁在房间里闲逛的时候，她就尝试对他正在做的事情进行解说：

"看看窗外，你能看见什么？我能看见一匹马，我能看见一棵树，碰碰靠垫，碰碰地板，碰碰妈妈的膝盖。"

经过几周之后，安德鲁的父母已经设计了多个不仅可以吸引安德鲁注意、使他能够尝试交流，而且也能让他享受到乐趣的活动，这些活动让他们能够用同挠痒痒游戏相同的方式来分享他的空间，而几周之前这个目的只有通过挠痒痒这一游戏才能做得到。

我希望这个例子揭示出这样一个事实：即使你的孩子看起来只对一种活动有反应，也会有多种方法使之与新的活动建立密切关系，在这一新的活动中，相同的乐趣可以延长他对你的注意有反应的时间，也能为他制造与人沟通的机会。

绝大多数参加我调查的那些父母，他们都表示，他们的孩子常常在玩闹游戏中更具接受性，在这个阶段，通过尝试—错误的方式，他们探索出不少用于鼓励孩子更多互动的方法；另外一些父母则被难住，不知如何前进一步。在我的儿子被诊断为自闭症时，我们就认识到，在进行这类游戏时，在许多水平上他和我们的互动都要更好，而且，至少可以利用这些游戏作为桥梁与其他活动建立联系。一旦我们最后发现可以利用它与新的活动建立联系，在他较少表现出接受性的时候，我们就能引入一些事情，这些事情可作为将他带回我们的世界的手段，也可作为参与更具要求性的活动，比如言语治疗等的奖励物。

我要建议大家的是，在绝大多数孩子清醒的时间里，试图获得他的注意的做法都是无法达到目的的（这真的让人筋疲力尽！）。在之前还未得到诊断的日子里，我常常感到非常恐慌的是，我的儿子沉浸在他自己的世界里。现在，我感到他需要一些时间去做这些事情。你是最了解孩子的人，关于你的方法应怎样、什么最适合你的孩子，你都能够做出决定。

除了这些基于游戏的活动可以鼓励你和孩子的互动外，你也可以在其他时间为孩子创造沟通的机会：

☺ 可以将孩子认为很有吸引力的东西（如饼干）放在他看得见但够不到的地方，或者将它们放在一个密封、透明的容器里。等待孩子向你做出一个手势，然后你回应他，"汤姆想要……饼干？是吗？"然后给他饼干。你也可以假装你认为他在向你要其他东西——来鼓励他说出他想要的东西的名字。

☺ 给孩子制造一个问题——可以将他的袜子穿在他的手上或者让他穿你的长筒靴。要让他产生想表达什么事情错了的动机。

一旦当你发现了一些可以获得孩子注意的手段，以及你可以用来鼓励他互动的情境，那么，真正的玩耍就能开始了！你要常常紧紧抓住你的秘密武器——你永远都不知道什么时候你会需要它们！

什么是密集互动法？

密集互动法是一种探索和利用沟通原理，与有严重沟通问题的儿童和成人进行交流的教学方法。在普通婴儿成长的第一年里，在婴儿与其周围的成人之间，会出现一系列高度复杂但又相当自然的社会反应和具有沟通意义的互动。本能地，父母会跟随婴儿所给的线索进行回应，来控制婴儿参与以及持续的时间，比如，吐舌发出声音、模仿发出声音或者做鬼脸。这些早期的互动无一不包括眼神接触、发出声音、轮流以及大量的重复——这些为早期语言的发展提供了基础。通过观察这些自然的过程、分析所发生的事情、了解年长儿童所经历的阶段，我们能够对沟通了解更多，但自闭症已经干扰了这一自然的、重要的早期发展过程。

作为一种用于不会说话、很难接触的儿童的教学方法，密集互动法建立在这样的原则之上，即在互动型游戏而非指导型游戏中跟随儿童的步伐。对于已过了婴儿期的儿童，这类游戏看起来首先会让父母感到很难参与。我们所使用的策略正是我们的孩子在真正是婴儿时最早自然而然使用的那些策略。那么，为什么我们要重新回顾这一发展阶段？有一些阅读此书的父母非常希望能够获得一些想法，让他们能够与退缩到自闭隔离状态的孩子建立联系，但是他们发现，那些诸如结构化学习和语言建构的活动都是他们难以企及的——你的孩子首先需要与你建立联系，即使转瞬即逝。早期沟通的自然过程被自闭症这一障碍所更改，但是这并不是说，它们永远被损害。通过拓展、深化父母与孩子之间早期的前言语互动阶段，你可以给予孩子的大脑更多的时间去反应——你的孩子可能存在发展性迟滞，因此，你与年纪大一些的孩子玩早期父母／婴儿水平的游戏是比较恰当的。最后，如果密集互动法已经对严重的自闭症谱系成人产生了显著的效果（确实是这样），那么，孩子将能够更受益于这一方法，因为他们的大脑具有"神经可塑性"。

我们的目标是，通过让孩子参与某种具有内源性激励和奖励的活动，创造出某些与其他人相处时的意义和乐趣，重新激活这一过程，以驱动孩子全力抵制和避免关联性。这是首要目标，也是最重要的目标。乐趣来自于孩子的安静和分享控制，以及在这个最基本的互动形式中体验到安全和玩得开心。这就是基本水平的分享空间：享受与另一个人在一起。密集互动法并不是一种突然治愈自闭症的方法，它是许多干预策略中的一种，通过大量的努力、坚持和重复，这些干预策略能够增加孩子与人建立联系的动机。

· 3 ·

结构性游戏

为什么自闭症儿童需要结构性游戏？

尽管自闭症儿童都普遍存在交流障碍，但每个孩子的差别也相当大，实际上，自闭症这一术语本身可以被看作一把"伞"，就像"学习障碍"这个术语一样。由于自闭症并不仅仅影响到学习和理解的能力，它还影响到所有感官的加工过程，因此，它可以分出无穷的不同的子类型——不同程度的言语问题、社会沟通问题、学习障碍、感觉问题、生理问题……，在此之上则是个体应对这些状况的反应和能力。

如果说我们所有人有多讨厌这些标签，那么，对绝大多数父母来说，诊断性的标签就是一张可用于减轻他们痛苦的通行证，让他们能够找到最适合他们和孩子的服务、正确的专业帮助以及最好的方法。但是，令人困惑的是，对自闭症孩子的父母来说，这看起来并不是一个最佳的方法。全世界有很多种方法，每一种方法的支持者都虔诚地相信，如果不能治愈，他们的方法也是唯一能帮助自闭症孩子的方法。对年幼孩子的父母来说，各种建议令他们感到很困惑，同时备感压力，让他们的家居生活也更加紧张。

尽管这些建议看起来很矛盾，但它们还是有一致的线索，有一个共同的要素，就是结构。这些用于自闭症的疗法和方法经历了时间的检验，并揭示出，这些可量化的结果都有一个有关结构的中心议题。在描述什么是结构时，描述什么不是结构、将所有反面的内容列举出来可能会更加容易。

- 它不是提供一系列选择（虽然创造选择机会是环境结构化的一部分）。
- 它不是"自由"地游戏（虽然结构化游戏是鼓励自然游戏的第一步）。
- 它不是让儿童自己去探索一个活动、这个活动的限制以及可能性（虽然学习一起探索这些事物是一个绝对目标）。

3 结构性游戏

它不是上述所描述的这些事情，因为，在游戏情境中，选择、自由和探索都不是这么简单的一件事情，即按照它们激励非自闭症同伴游戏的那种方式去激励自闭症儿童。自闭症儿童需要结构，是因为尽管他们各有不同，但他们普遍在与人交往、学习和游戏的动机上存在障碍。他们有着僵化刻板的思维、说话和游戏模式，常常维持"相同"状态。伴随着拒绝被指导以及尽可能控制他们当时所处环境的需求，不难得出结论，不管如何倡导学习和游戏环境的自发性，仅仅自由的选择和独立的探索都不适合自闭症儿童。

"结构性游戏"实际意味着什么以及它如何起作用？

你会感到，如果是在治疗性或者教育环境中，这听起来很好，但是这怎么在有一个3岁孩子的忙碌的家庭中起作用？我们并不认为帮助我们孩子的唯一方法是跟随由治疗师执行的特殊的个人方案，而不是我们这些父母！作为孩子的主要照顾者，我们能够学习如何对他们的游戏进行结构化——这可以是选择一项活动，观察孩子如何参与（或者不参与）这个活动，他是否恰当或者不恰当地玩游戏，在这些时间里他与你如何互动（或者不互动），你可以如何做一些改进。也可以是，观察他一天的生活，找出你可以如何配合他的节奏进行结构性互动，使他玩的时间比现在更长一些。引入结构也包括，认识到什么事情使他感到烦恼，找到如何改善沟通的方法，通过让他一天的安排看起来可以预测，从而让他感到更安全。也可以是，控制你自己；使你的孩子意识到他是这个家庭中的一部分，这个家庭要发挥各种功能，要参与各种事情，他也不常常是家庭其他成员所围绕的核心。为你的孩子提供结构，可以让你用最温和的方式做上述这些事情。

将游戏结构化，需要系统地将一个游戏活动分解为几个组成部分，这样游戏就不再是一堆对你的孩子毫无意义的，由语言、物品以及动作所组成的杂乱无章的东西。将游戏分解为很简单的单元，你可以为孩子提供一个机会，让他了解每一个单元反映的是什么——你给他机会去解释活动、赋予意义。最基本的是，你为他的大脑提供了一个机会，让他能够跟上加工输入信息的速度。当然，能够达到的成就将根据孩子的潜力而有所不同，但是，即使是最小的成功也将证明你付出的努力。这就是个别化活动的结构化如何发挥作用的过程。在本书中，我也提到了将一天结构化为一系列活动。这些不会都是游戏活动——可以用图片来表示一天，描述这些活动是按照什么样的顺序发生的，包括你为那一天所设计的特殊的游戏活动。

创造游戏的机会——提供舞台

记住，要对孩子容忍直接要求的水平有所反应——如果他很抗拒，就要撤回来；"间接"地将你已经设计好的活动引入到他一天的生活中。你可以在孩子旁边玩，就像你自己觉得很好玩一样，在他够得着的地方安排一个同样的活动，要让这一活动持续时间很短（一次1～2分钟）。如果你感到，在此时引入结构化游戏和学习"超过"了孩子的水平，那么你可以注意那些更少侵入性的互动形式，比如第七章和第九章中介绍的活动，以及第二章中所描述的"分享空间"的想法。

当你开始系统地"教"一个自闭症儿童去玩游戏时，如果你提前完成了这些事情，就会很有帮助：

- 要明确地知道你将使用什么物品——"明确"意味着就只准备你需要用于那个特定活动的玩具/材料。要考虑一下诸如盒子之类的物品是否会分散孩子的注意力，如果会，要移开这些物品。
- 要知道游戏区域是哪里——起居室地板/桌子/托盘式桌面/小地毯。你的孩子是否需要一个道具来提醒他这里是他需要集中注意力的地方，是可以坐在上面的特殊垫子，还是一张提示他坐在座位上的图片卡？

- 如果你正在使用图片提示，要检查它们是否很令人感到困惑或者信息模糊，或者你孩子无法从字面上解释它们。
- 当你的孩子完成一项活动后，你对他使用奖励或者强化物吗？——用一些可触摸的物品去鼓励他再尝试一次？你有一张卡片来将这些意思表达给孩子吗？有关强化物的进一步信息可参见第 5 章。
- 你期望孩子参与这项活动多长时间？你的目标是简单的还是复杂的？你特别想让孩子使用什么动作或进行什么样的互动？这既可以像堆高游戏中轮流玩那么简单，也可以像压一些人物进行想象性游戏那么复杂。

当你回答了这些问题，并且有材料和物品可以使用的时候，你就做好了准备。

将游戏分解为各项任务

这听起来有些像用于学习障碍儿童常识性方法的一个技术性术语。即使对于没有其他学习困难的儿童，他们的自闭症也会损害到他们迁移和学习的能力。要分解一项游戏活动，我们有必要将它看作一系列任务，然后独立教他每一项任务。这听起来像是要剥夺游戏的所有乐趣——其实困难并不是将一项活动分解为单独的任务，而是继续保持游戏本身的新颖性和生动性。如果孩子从你的声音中听出你非常强烈地期望他服从，或者你对他的不服从感到很恼怒，他很有可能会抗拒。

下面的例子中要描述的就是这些要点。

玩磁铁钓鱼游戏

目标："轮流"玩磁铁钓鱼游戏。

材料：磁铁钓鱼游戏玩具，可以在许多玩具店买到。记住，要买容易操作的玩具，或者可以按照下述步骤自己做一个简单版本的：将一块布或者卡片剪成池塘的形状。用硬纸板做 6 条鱼，鱼嘴那里装上回形针。用木钉和线做一根钓鱼竿，在线的最末端挂上一个强磁铁。

任务：

- 当父母用磁铁吸住鱼之后，将钓到鱼的杆子慢慢举起来。
- 让孩子自己动手用磁铁吸住鱼，然后举起鱼竿。
- 将杆子摆荡着靠近鱼，用磁铁吸住它。
- "轮流"钓两条鱼。
- "轮流"钓 6 条鱼。
- 在鱼的另一面贴上图片进行命名，或者将数字贴在反面，谁钓到最大数字就算谁赢。

尽管某种程度上这是个高度结构化的游戏，但是也没有设定的规则。一些儿童可能很快地掌握这一活动，直接通过所有任务；另外一些儿童则可能需要你的额外帮助，你要激励他们集中注意观察这项活动，并让他们尝试第一项任务。每一项任务的完成都可以看作一个独立的游戏阶段——一张普通的"钓鱼游戏"图片提示可用于每一个阶段。第一个例子的训练活动可以按照下述情况进行：

材料放好了。妈妈和亚当将钓鱼游戏的图片卡从他的日志记录板（可参见后面的章节，"将一日活动结构化"）上拿下来。下一张图片卡是关于给亚当的奖励物 / 强化物——听音乐。

妈妈：现在，是玩"钓鱼"游戏的时间了。亚当，让我们拿卡片吧（亚当忽视妈妈，拿起了音乐卡）。

妈妈：是的。亚当……钓鱼游戏结束后我们可以听音乐（亚当仍旧拒绝）。

妈妈：我能看见……一条黄色的鱼，还有一根鱼竿！

（妈妈拿着鱼，假装它在游。然后，她将它捡起来，再扔掉它，说"它游走了……又回来了，调皮的小鱼！"……她玩得特别开心）

（亚当站在小鱼上面。）

妈妈：很棒，你捉到它了……这是你的脚趾！

（妈妈让小鱼去挠亚当的脚趾。）

（亚当坐下来。）

（妈妈将鱼竿放到他的手里，用她的手包住他的手。他们一起将鱼一条条拿出来，一边数"1、2、3……"）妈妈将磁铁粘在小鱼上，将鱼竿放在地板上。亚当站起来，走开了。）

妈妈：预备开始，"1、2、3！"亚当，——（妈妈指着鱼竿），亚当做"1、2、3……"待会儿再听音乐。

（妈妈手把手地引导他去拿鱼竿。）

（最后亚当蹲下来，拿起了鱼竿——妈妈碰了碰他的胳膊肘，说"慢点"）

妈妈：对，太棒了！——亚当真棒！让我们来听音乐吧。

接下来的两个或三个游戏阶段都是努力让简单的钓鱼动作充满乐趣，更具激励性，因此，完成这一游戏活动不再仅仅是获得奖励物的一种方式。你要尽可能表现得傻气，并具创造性：

☺ 改变一下"小鱼"——可以涂上颜色或者将图片粘在上面。

☺ 将巧克力豆粘在小鱼上，用胶带将小鱼折叠部分粘起来，做成双面样子（你可以用胶带，但首先要将它压在衣服上几次，使它不那么粘）。

☺ 让小鱼"做"一些让你的孩子发笑的事情。

这是父母必须花费时间努力的地方。非自闭症儿童并不需要一步步地教，对他们来说这只是一个非常好玩的活动——理解了游戏的意义、它表明刚刚出现了什么，以及还有其他乐趣就是……额外的奖励。而自闭症儿童则要纠结着去理解"为什么我需要做这件事情"，你的工作就是教孩子这么一件事，即玩游戏和互动就是乐趣！

根据这个例子我们得知，任何一个活动（不一定是游戏）都可以被分解为多个任务，而每个任务都可以独立进行教学。完成拼板游戏所使用的方法可以与逆向链锁相同（你的孩子先放最后一块，然后是倒数第2块，等等），这也可以用于任何一个游戏任务。对你孩子来说，第一个游戏阶段是在你引导他通过了其他任务之后，他完成最后一个任务。例如，你将鱼粘到鱼竿上，将杆子交到孩子手里，然后他要举起杆子。当他理解并能够完成这一步的任务之后，再倒退一步让他完成更多的步骤，例如，下一步他要将鱼与磁铁粘在一起，再下一步就是他晃荡着鱼竿去靠近鱼、抓住它，等等。

用这种方式分析游戏活动需要一些实践操作，但是你与孩子玩游戏的方式很快就会变得很简单。你甚至可以达到这样的一个程度，即你根本不会意识到你当时在做什么！

早期学习的结构化

非自闭症儿童有着很大的好奇和动机去尽可能多地理解他们周围的世界。一旦他们的生理做好准备，正在发展中的大脑就会去处理这些新的概念，而且是在一个新的理解水平上去处理。他们的思考和推理能力除了受到他们自身生理结构的支持之外，也得益于周围具有刺激性的环境。

然而，如果生理结构在某些方式上受到损害，因而剥夺了儿童理解和弄清楚其周边环境的动机（自闭症儿童就是这样的），那么，学习的过程就会存在障碍，不管儿童的认知推理是否完好无损。

这就需要创造一种环境，支持他们学习应对更多的挑战。许多自闭症儿童的父母都同意，他们的孩子需要有更主动积极的输入，帮助他尽早学习、玩游戏以及与人沟通。尽管这三个发展要素紧紧地交织在一起，我们也要将它们看作独立的项目，每一个都给予平等的关注。从外部来看，目标指向发展游戏技能的活动，看起来也是有助于学习和交流的活动，反之亦如此。但是，对父母来说，它可以帮助他们将结构化时间分配到三个不同的活动上，即使这三项活动是互相支持的。经过特别设计、用于辅助交流的活动（言语和语言治疗）也应根据儿童个体的能力水平来提供。要最大限度地利用你的言语和语言治疗师为孩子提供帮助。结构化的学习可以作为每日的一项活动在家里实施，可采取略为正式的结构化游戏活动形式。尝试设计一个"工作盒"，这个盒子可以每天都拿出来，最好每天都是在相同的时间。要放在你孩子拿不到的地方，并且轮换、改变里面的材料，以保持孩子的兴趣。开始的时候，这一活动可以时间很短，只有两三分钟，然后缓慢地增加时间。要利用那些可以在桌面进行的活动——你可以坐在孩子的对面，这样他能够看到你的脸，但是，如果这对他来说太具有侵入性，那么就坐在他的旁边。

至于将哪些物品放到你的工作盒中，以及如何引入它们，可以参见第6章（"桌面游戏和益智类玩具"）。可以将这些游戏与言语和语言治疗师所提供的练习以及一些笔控制的练习（参见第13章"创造性：艺术和手工"）混合在一起。

个案：山姆

山姆是一个3岁的小孩，最近被诊断为自闭症谱系障碍。自从得到诊断之后，山姆的父母就一直在训练他的眼神接触，用一些简单的游戏活动来集中他的注意力。虽然山姆只有很少的单词可以一致使用，但是，他的父母还是感到他相当地聪明，有能力。他们相信，是因为他的多动和刻板的行为方式阻止了他的学习。他们开始帮助他用图片日志的方式进行交流，并制作了一个盒子，里面装着各种学习材料，可以在每天早餐后（这段时间山姆看起来状态最好）拿出来使用。他们拍了一张盒子的照片，给它起了个名字叫"工作盒"。他们也有一张电视机的卡片，他们将它作为奖励物（山姆喜欢翻来覆去地看一个录像片）。开始的时候，山姆拒绝坐着，但是当他意识到第一个阶段的时间只有一分钟时，他就变得很服从，甚至到第一周结束时他能够坐10分钟了。

在这个盒子里，有：

○ 一副用于形状配对的拼板。
○ 四张熟悉人物和动物的照片（他的兄弟汤姆，爸爸，奶奶，小猫）——对山姆提出这样的要求"给妈妈小猫"，等等。
○ 一个毛茸茸的玩具狗和一把刷子——要求山姆刷狗的鼻子、耳朵、脚、尾巴，等等。

当山姆完成了每一个活动之后，他将这些东西放回到盒子中。当最后一个放进去之后，他会被"奖励"看录像。在工作盒之外的其他时间，当被以同样的方式提出要求时，山姆常常会很自然地拒绝，但是，当他知道即将进入工作盒时间（还有奖励）时，实际上他又很期盼。经过两年的时间，直到山姆进入学校，他仍旧每天继续这个活动。当他5岁时，他每天完成两个20分钟的活动，活动的内容包括学习文字、用图片卡进行故事排序、将物体分类以及推理技能训练。虽然偶尔他会拒绝听从，但基本上他都能顺利度过这段时间；如果出现拒绝，那么奖励物就会改变，活动也将被重新考虑，有时山姆需要中止几天时间才能再继续这些活动。

这一结构化的学习时间不仅仅用于学习。示范正确的行为、语言，创造交流的机会应该是每天都应该做的事情，但是，对自闭症儿童来说，为了听和学习，对你正在说的内容进行自然的关注是很有难度的。进行桌面活动时，你有几分钟时间可以真正"与他在一起"，比起随意侵入性的活动，这个联结的结构化和可预测性会让他感觉到较少的压力。在一天的其他时间段里，当你的孩子启动了一个交往（言语或者其他方式）的时候，要经常对他的这种行为进行反应。

时间结构化——制作视觉日志

在这本书中，我推荐使用"图片提示"来告诉孩子你计划了什么游戏活动。本书末尾为你提供了一些照片，你可以使用。使用图片提示这一方式的主意来自于 TEACCH 这一疗法（自闭和相关沟通障碍儿童的干预和教育，Treatment and Education of Autistic and Related Communication-handicapped Children）——更多信息可参见本书末尾的参考文献。它让你更清楚如何使用这些提示卡片作为图片日志的一部分，告诉孩子一天中的各项事宜安排。你如何呈现和使用这些卡片是你个人的选择——你可以从左到右呈现，水平或者垂直，也可以从上到下呈现。做的卡片要耐用，能够经得起一段时间的使用。你可以使用"魔术贴"，这样，它们既可以分开，又可以反复使用。

你使用多少张卡片也取决于你和孩子。一些孩子需要一些提示用于穿衣服、使用卫生间；另外一些儿童可能仅仅在外出活动时需要它们。你会发现，这些提示可以减少由糟糕的沟通这一挫折所引发的长时间的问题。有一个问题我们已经存在了几个月了，如果我们出门，我们的儿子根本不知道要乘哪辆车（爸爸的或者妈妈的）或者跟哪一个人一起去。我们根据这件事情的所有可能情况制作了卡片——都坐爸爸车，都坐妈妈车，爸爸在妈妈的车上，等等——这个问题突然消失了。我使用了很简单的贴纸"男人"和"女人"图（加上一张小孩贴纸），将汽车涂上不同的颜色！图片可以用来表现任何事情，包括用一套序列性的卡片来揭示穿衣、洗手等活动的序列。

一个早晨的图片可以类似下图：

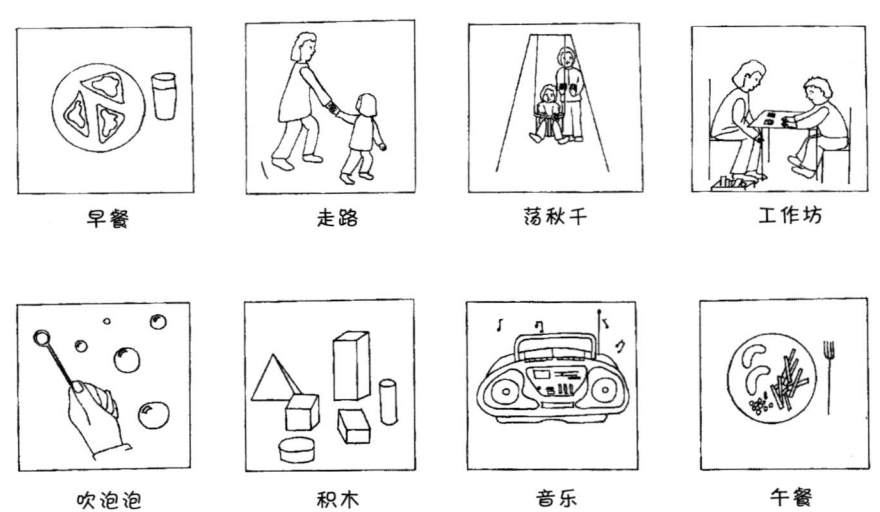

当一项活动完成后，得准备一个邮寄盒子或者信封，让你的孩子将图片放在里面，以表示活动结束了。然后回到图片板，开始下一个活动。

引入选择和灵活性

对于自闭症儿童来说，即使选择和灵活性是非常困难的领域，当你的孩子习惯了使用图片提示之后，你也可以将它们用于帮助他进行选择。他的第一次选择可以是关于奖励物的，比如，"饼干"还是"看录像"。你也可以将它们用于帮助他选择某个"自由游戏"活动，比如，"蹦蹦床"还是"小汽车"。不要将所有的选择都放到图片板上；提供两个，他可以从中选择一个，并将这一个给他。将卡片给他，然后获得一个反馈，这一过程向他描述了沟通不仅仅包括其他人，还包括它是如何发挥作用的。

● 使用图片可以增加沟通对"视觉学习者"的吸引力——自闭症儿童常常通过视觉思考和学习。图片比文字更容易解码，它们可以与活动建立直接和具体的联系。
- 图片有助于他为下一个任务做好心理准备，让他做好"调档"，减少焦虑和困惑。
- 图片是非常棒的沟通辅助工具，它们具有激发个体动机以及"捕捉注意"的特点，这使得它们不仅适合无言语的儿童，也适合所有自闭症儿童。
- 图片也是一种物理辅助工具，可帮助儿童练习选择和控制。

一旦你开始使用图片提示，就要给予孩子充分的时间，来建立图片与活动之间的关系。如果这花去了不少时间，放弃它是很诱惑人的。但是，如果你能坚持下去，你就会找到一个工具，帮助你在生活的各个层面重新建立秩序。

· 4 ·

你的计算机是宝贵的资源

关于自闭症的信息、聊天室、支持性社区，所有这些资源和建议在绝大多数家庭里都可以一点鼠标就获得。但是，我们必须对我们所使用的网站和资源有所选择，要警惕有些自闭症信息有误导性或者利用性。总的来说，计算机可以节省时间和金钱，特别是它能够帮助我们找到一些资源和材料；我们可以利用碎片化时间制作自己的图片卡，搜索具有创新性的活动资源，在特定问题领域如辨别情绪等，使用交互性项目来辅助我们的孩子。

为了帮助你通过这个势不可挡的迷宫，在这里，我提供了一些我认为最有用的活动网站、想法以及下载资源。

记住，"ABA"作为一种早期干预的策略，已经走过了相当长的路，即使你没有参与或者不希望参与这样一个密集的干预计划，但是当你开展指导性的学习活动时，ABA 的网站或者 ABA 的转介都是特别有用的资源。

用互动型计算机游戏与你的孩子一起玩

在计算机上玩

就像电视一样，计算机也能够成为家庭中提供强大支持的一种设备，在我们与孩子一起游戏、学习和参与活动过程中提供辅助。同时，计算机也能成为一种固定的、非社会性的娱乐项目，它通过让孩子参与、观看以及与其他人互动，在消磨时间的同时不得不去学习——我们必须精于如何使用这一技术，这样就能用它与我们的孩子保持良好的关系。

为什么计算机活动特别有益于自闭症儿童？

计算机活动有着强大的因果效应动力——教会一个不愿意与人交往的孩子，即使一个小小的动作（比如按一个键），都能对屏幕上发生的事情产生很大的影响。通过向他展示他能控制结果这一点，赋予他权力，向他表明，参与活动是积极的、令人感到舒服的互动的根本，同样的动作每次都会产生同样的结果。

当其他活动失败的时候，计算机活动还能够抓住孩子的注意。毫无疑问要说的是，当一个孩子通过常规的观察和模仿其他人的方式学习的时候，我们的非典型的孩子有时需要新的不同的途径来引入这些相同的概念。计算机上的图像非常生动、有趣，很难令人忽视。

自闭症儿童常常发现计算机很有吸引力，然后被吸引到那里。因此，我们要充分利用这个活动，对于这个活动，儿童已经具有接受性。

对我们的孩子来说，直接的、面对面的学习是如此令他们难受，以致他们抗拒、忽视或者将注意力转移到其他方面。有可能的是，当我们用很有趣的互动型活动来帮助孩子对眼神接触以及沟通感到更加舒适的时候，我们可以从更具挑战性的学习活动转移到可以忍受的、计算机上的"肩并肩"学习。

在计算机上进行早期学习的本质是：口语是轻描淡写的，视觉学习才是被重视的。对接受性语言存在困难的儿童来说，这将他们放在一个有利的位置上，采用视觉材料比起听觉言语能够让他们更好地了解一项活动。即使自闭症儿童不是"用图片进行思考"，但他们仍旧一致地表现出在加工视觉信息方面比听觉信息更加容易，计算机可以将这一强有力的加工渠道利用到极致。

儿童几岁可以使用计算机？

应该公正地说，没有任何必要将一个三岁的小孩（不管是否有自闭症）带到计算机那儿。特别是自闭症儿童，他们有如此多的领域需要学习，掌握鼠标必须放到走路、应对感官刺激、学会最基本的非言语沟通之后的行为序列中。

对于自闭症儿童，我们不能受孩子应该学习什么、在什么时候学习这些"年龄和阶段"观点的限制。那些针对很年幼的儿童（婴儿）很有争议的计算机活动也许实际上相当适合你9岁的孩子——这些活动常常只是简单的随意的刷屏这样的因果效应动作，例如，你的孩子碰到了一个键盘，接着在屏幕上就会发生令人兴奋的事情。通过这样健康的、反应性的态度，计算机能够提高儿童参与学习的动机以及学习的能力，没有它，可能角落里某些危险的物体就会夺走他弥足珍贵的注意力。

如何鼓励"我是活动的一部分"这一意识

"健康的"态度的一部分是从一开始就培育这样的意识，即使孩子使用计算机，也是与你一起做，而不是你为孩子提供一种游戏，留下他自己玩。

如果你正在使用图片日程表，就用一张图中有你自己（或者两个人）的卡片来表示"计算机"。这将强化孩子这样的认识，即在这一早期阶段使用计算机是一种"社会"活动。和你一起玩计算机的照片将能很好地发挥作用。对于焦虑应该玩什么特殊活动的孩子来说，可以将活动的图片放在屏幕上。

要像其他桌面轮流游戏那样开展计算机活动（可参见第8章"游戏中的轮流"）。记住，当孩子不能通过看你的脸来获知是否该轮到你的时候，要持续保持对话。可以谈谈屏幕上正在发生的事情，但是要给孩子留下停顿的时间，以便让他能对他看见的内容进行反馈，并对你说的内容进行加工。

在你尝试与孩子一起活动之前，首先要看一看这个活动；你必须非常清楚它是如何起作用的，将发生什么事情。你可能决定需要口语指导或屏幕上的书面指导语来对图片提示卡片进行补充，例如，如果有一句书面的指导语为"点击火车"，那么，你就需要展示一张火车的图片给你的孩子看。你会感到，给孩子做一张有简单指导语的图片卡，让他按顺序完成，将极大地减少他的压力。

如果你在一个网站上看面部表情，可以准备一面镜子，让他练习表情，也可以用数码相机拍下你和孩子做表情的照片。

当轮到你去碰鼠标时，孩子可能需要一个"线索"，可以给每个人都做一张在使用计算机的照片，将鼠标垫上的照片与钱包放在一起，或者在即将轮流的时候，将它放在靠近计算机屏幕的地方。

当孩子逐渐长大，变得越来越独立时，这是相当自然的事情，当你的孩子成为一个更加自我指导的学习者的时候，这些活动将更多的是他一个人的活动，除了偶尔有短时的他人介入。计算机将随之成为监管时段下的一个适当的娱乐活动。

适应性软件

也许，你的孩子很喜欢玩计算机，但是在控制鼠标方面遇到了困难和挫折。在你开始考虑要为计算机购买一些适应性设备之前，可以尝试让活动只使用空格键和箭头键。如果儿童第一次开始使用计算机，这会让他们更容易控制。如果他们可以，他们就会自动地去移动鼠标。记住，所有的计算机都可以进行定制来适应使用者，你可以扩大文本，使鼠标光标更容易被看见，选择背景颜色，让计算机说话。

对存在严重精细动作技能问题的儿童而言，传统的键盘和鼠标都会让他们感到挫折，不太可能使用，你也许需要看一看替代性的跟踪设备、触摸型屏幕监视器以及大键键盘。要确认这些技术能够匹配孩子的需要和能力。

用于计算机使用的视觉提示

对于图片支持反应较好的儿童，使用图片提示卡可以促进儿童在计算机启动时进行等待。

启动和等待

既可用于等待计算机启动，也可用于提醒孩子要耐心等待某些未知事情发生（就当它必然会发生！），比如自动下载的时候。

冷静

你可以在手中拿一个令人愉悦的、可分散注意力的玩具（或者喜欢的书……）。

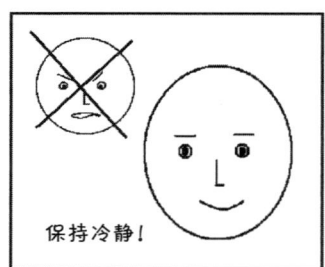

保存

提醒孩子要经常保存自己所做的工作。

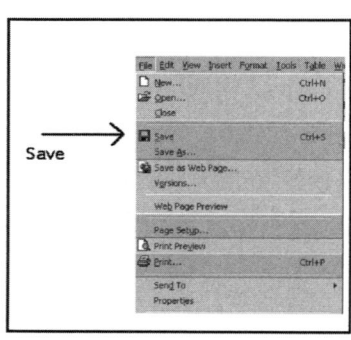

电 子 书

互动式的动画故事书极好地利用了视觉加工通道的优势，促进注意广度狭窄的儿童将注意力保持在任务上，通过点击图片建立他们自己的奖励机制，有许多互动的机会，能够不断重复。他们常常会有相关的可打印的资料和活动，虽然这类软件必须进行购买，但通常证明它是值得投资的。

利用数码摄影设计活动

数码照相机也许是你最有价值的资源之一，它可用于记录各种事件以备后续查看和讨论，也可用于制作图片提示卡，视觉呈现某个新的地方（如学校的某个场景）或者某个人物，让你的孩子做好准备，以应对变化，还可以用来设计个性化的活动。

照片配对寻宝游戏

为了鼓励你的孩子形成词汇以及辨认口语名称，你可以给孩子有关家居用品的一些照片（如沙发、小地毯、床等），这些照片背面用双面胶带粘在一起，用它们玩一个"拍照"游戏，将照片与你命名的用品粘在一起。或者，你也可以制作两套卡片，将一套粘在家居用品上，给孩子看另一套，每次看一张，让他跑到所指的物品面前，拿回匹配的那张卡片。

你可以用各种类别的图片玩分类游戏（按照类别/颜色/用途等）、配对游戏（图片与物体/图片与图片）和识字游戏（事情开始于……）。通过认识这些孩子熟悉的以及相关的物品、人物以及场所的照片，你可以在活动中引发孩子的兴趣，不再要求孩子进行某种水平的想象，这可能是孩子很挣扎的地方。

利用数码摄影辅助理解和做出选择

照片非常适合做提示，来提醒儿童某样物品在房子的哪里，并更好地营造一种独立感，从选择他自己的刀具到找到干净的睡衣。你可以将钱包大小的图片放在抽屉、橱柜、储藏盒和游戏柜上。当孩子逐渐长大，你可以帮助他回忆他拥有的玩具和做出积极的选择，可以拿出活动、书、电影封面以及游戏的图片，将它们放在活动册里，活动册中的内容都是他选择在"自由时间"里要做的。当他尝试思考下一步要做什么时，他也许会陷进重复性的仪式活动中，仅仅将其作为填满那段时间的一种方式，此时，这种类型的策略可以为其想象架起桥梁。

你也可以用照片向孩子展示如何做一个特定的活动，比如摆放桌子（例如，一张已经完成位置摆放的照片），或者种一颗种子。随后，孩子将独立地依照这张照片来做，这给他更大的自主感觉，也消除了依照更多模棱两可的口语指令所带来的挫折感。

你可以尝试将类似喜欢的颜色、喜欢的动物等一些信息放在图片下面，来编制适用你朋友和家庭的"交易单"风格的游戏。通常，自闭症儿童喜欢收集此类资料，这让他们对图片上的人物形成强烈的熟悉感，当他在真实的生活中看见他们时，会开始一段比较好的对话！朋友和家庭成员的照片可以用于很多事情：提示儿童准备去参观，让他们知道通电话的是谁，或者向孩子展示节日的餐宴上谁坐在哪里。

饮食选择

照片是一种非常简单、有效的方式，可以让无言语的儿童做出食物选择。将就餐时的每道菜进行拍照（即使那道菜那天他看起来没有那么喜欢），使用这些照片让儿童进行选择（每次就餐可以有三种食物），或者仅仅让你能够向孩子表达他们那天正在吃什么。通过消除"不知道"的压力，你打开了可能性，如果他在这之前已经看到过这个食物的图片，那么他就会足够放松地去尝试新的东西。

你的孩子和数码相机

当你们外出的时候，可以尝试让孩子用一次性相机或者不太昂贵的数码相机。让他"有事情可做"，这可以消除他的一些焦虑，例如，外出旅行或者去亲戚家做客。即使你认为，你有24张灯具的图片，也可以制作一个图片册或者将它们放在计算机上一起看。看着孩子选择拍照的照片，这将会让你感到相当惊讶，你将会顿悟到他对捕捉什么感兴趣。

你的孩子可以将使用数码相机作为一个学习活动；让他拍一张以字母"C"带头的事物的照片，等等，或者让他拍绿色、蓝色或红色的事物的照片，之后向你报告。你的问题可以根据你孩子的理解水平进行调整，比如，"在厨房找到的东西"或者"保持牛奶冰凉的东西"。然后你可以将它们打印出来，并用于桌面活动，比如，制作主题板"厨房装备"或者"绿色事物"。

视频制作

这个项目简单得令人惊奇，可以在绝大多数视频文件夹中找到，也很容易使用：将照片制作成一系列镜头，并配上音乐，就可以将你的外出旅行看作一部"微电影"了。要想尽办法，让幻灯片的转换和声音尽可能地抓住孩子的注意力，以便捕捉这个最不情愿的观众的想象力。你甚至可以在照片中间加入文本的幻灯片，用高吸引力的方式创作一个社会故事。

将照片做进打印好的社会故事中

你可以通过加入你自己的照片，制作个性化的社会故事。试着将数码相机一直带在身边（现在许多手机也有此项功能），不假思索地将你做的事情拍下来，但这常常需要得到允许，例如，你想要一张牙医或者商店店主的照片，你需要对他们解释为什么。

· 5 ·

玩具,玩具,玩具

求助——我的孩子不会玩玩具！

　　非自闭症儿童最初也是最有趣的玩的对象是他的父母。从第一天开始，婴儿就会寻找人的脸和声音，就像它们是提前编好了建立联系的程序一样。仅仅几周之后，他就与妈妈开始双向的"对话"，做手势、模仿、等待一个反应，就像没有语言的对话。他之所以这么做是因为非常有趣，这让他感觉非常良好；他就是在玩！如果我们将这个早期想与人互动的冲动看作后期语言和游戏技能的跳板，那么，在自闭症儿童这里，与人建立联系的动机和能力则受到了损害，公平地说，从一开始，他们就在发展首要技能方面错失了。

　　到孩子18个月大的时候，让父母感到焦虑的最早期的一个"自闭"症状就是缺乏游戏的动机或者固着于某种特定类型的活动，比如将小汽车排队，而不是玩小汽车。在这个年龄，我们可以找借口说是因为语言发展迟缓，虽然这常常很难确定，由于儿童的行为模式常常表现出缺乏对人和玩具的兴趣，这会令父母感到相当不安。

　　对于非自闭症儿童，玩一个简单的玩具，比如拨浪鼓，常常是人际互动的一部分：婴儿摇晃拨浪鼓，妈妈看着他的脸，发出令人开心的声音。当儿童逐渐长大的时候，他会接受来自妈妈的指导与鼓励——常常（通过非言语的方式）为了东西放哪里这样的问题去寻求她的建议，比如，举着一块拼板或者某个益智类玩具的一部分。他们共同关注这个活动是什么，而儿童一直通过观察和探究在学习模仿。

　　对于自闭症儿童来说，来自他人的指导和关注常常是令人不舒服的，也是令他们感到不开心的，会导致过度负荷，这样一种侵入的感觉会让他们将之关闭、转移注意力或者反击。知名作家Donna Williams（她自己患有自闭症）将这一反应称为"暴露性焦虑"。正是因为这一原因，对你孩子的指导以及与他的"面对面"的互动会遭遇消极的反馈，因此，指导下的游戏和学习应该只维持在简短的可控制的时间段内。

总之，对于自闭症儿童来说，共同玩玩具是相当困难的，其原因是他们在以下这些方面存在一些问题，具体表现在：

- 模仿、互动以及共同注意方面存在问题。
- 技能迁移存在问题，例如，将一个活动中习得的概念或者技能应用到另一不同场景中存在困难。
- 接受来自成人的指导存在困难，导致产生"暴露性焦虑"。
- 灵活性方面存在问题，例如，用积木仅仅能搭成塔。
- 想象方面存在问题——不能想象除了这里、当前以外的情境，或者另一角色，比如假装游戏方面存在问题。
- 理解意义存在问题——想象物体能表征其他事物这一方面存在困难，例如，可以把平底锅当作一把班卓琴，一个头盔，或者一面鼓。
- 交流困难，包括表达语言和理解语言。
- 感觉加工问题——被一系列感觉刺激输入狂轰乱炸，不能将之进行过滤，以专注于手头的活动上。

重新评估当前的玩具：回到基点

当一个孩子被诊断为自闭症，或者他的父母强烈怀疑孩子存在这一问题时，父母和照顾者通常会用他们针对普通孩子的那种常规方式，努力将玩具放到孩子面前。这样一年以后，拨浪鼓和软积木没了，换成了形状分类的玩具和堆积环。再过一年后，这些玩具又被换成了茶具和消防车！如果沿着这一顺序做，就会悲惨地发现，这些玩具中只有极少数是他们能够玩的/有反应的，或者，即使他们会触碰这些东西，也是以一种非常奇怪和不一般的方式进行的。我儿子两岁时最喜欢的一样东西是茶壶，他重复地将小积木塞进这个茶壶，当他不能再塞的时候，就会歇斯底里地尖叫。实际上，任何一个玩具都可以多多少少作为一个容器来玩，但这绝对不是一个令人满意的游戏方式，特别是对他来说。最后，总是有很多的眼泪和挫折。其他父母也曾经报告，他们的孩子只是简单地忽视玩具，或者将玩具藏起来。例如，有个妈妈，她的孩子年纪稍大，会说话，在一次调研中报告说，这个孩子仅仅是要求他们将玩具"放在阁楼里"。

虽然有各种结构化的治疗方法和程序，父母可以用到他们的孩子身上，但他们一般对玩具都有相同的态度——每次的玩具越少越好，这出于多个原因：

- 绝大多数儿童在解码信息方面存在不同程度的问题。Donna Williams 在她的《自闭症：由内而外的方法》（*Autism: An Inside-Out Approach*）一书（p.92）中写道：

    "在我童年时代的绝大多数时间里……那些意味着不用理会的事情事实上并不是如此，在不需要进行处理时，它们都争着要求加工。对于要加工哪些信息，是页面的白色还是印刷字，是光的闪烁或阴影还是事物本身，是人进来的声音还是那时所说的单词音节，是衣服的沙沙声还是我自己发出的声音，我一直都是在跳来跳去。"

假设确实存在这种情况，那么你要将暴露给孩子的信息量控制在最少水平，至少你自己意识到他看起来已经达到阈限水平。这意味着一次只引入一个玩具，这样你就能帮助他看到一样东西；例如，一个玩具汽车就是一整个，而不是部分的集合，同时还要将背景噪声最小化，降低你自己说话的声音。

- 一堆杂志会有被不恰当和过度玩耍的可能，例如，堆在橱柜里或者互相叠在一起，扔在某样东西上面，或者并排放在一起。
- 你的孩子也许会看到某个他没在玩的特别的玩具，而后者会快速诱发一系列关联印象，这将干扰他专注于当时的任务。例如，在玩你挑选的某样物品时，他可能用眼角看着另一个玩具，然后形成了以下一些联系：维尼小熊——录像带——果汁（因为他常常在看录像带时喝果汁）。然后他马上就会疯狂地想要果汁，将你拉到厨房，而你不得不去猜他想要什么。

要 有 组 织

主动地帮助你的孩子去玩，意味着头天晚上就要准备好活动，小心地引入新的活动，并专注于可能发生的任何一个问题。这并不意味着你的游戏是没有生气的、不自然的——期望你的孩子是开放的、可以被接近的，就意味着正好与之相反——要临时准备，很自然地挤出每一个学习场景的可能性。但是，这就意味着得有一个计划，有短期和长期的目标。不要每个晚上花上几个小时，这会让你很容易感到精力耗竭、愤怒发火的，只要30分钟就能让你把其他东西放在一边，思考要做什么，同时要让你的孩子感觉到安全和快乐。

用于玩游戏的图片提示

对于每一个游戏活动，都要尝试使用图片卡——在本书末尾部分有一些图片可以放大或者复印；你也可以使用玩具照片、目录图片，或者尝试做你自己的简单的简笔画（参见第14章的"简笔人物画"插图）。同时也要有一张卡片来表明活动之后将有什么奖励物/强化物（这将在本章后面部分进行讨论）。

第3章"结构性游戏"介绍了如何将图片卡用于视觉日志，来说明每日活动事项。记住，在最开始的时候，要让你的孩子通过将图片放在某些位置，来建立它与活动之间的联系，这样对于你正在从事某项活动就非常显而易见。

如果你的孩子完全不用口语，你可能想使用图片交换沟通系统（Picture

exchange communication system，PECS）。PECS 是一个用于困难儿童和成人沟通的替代性和辅助性沟通系统。这一系统常常由受过专业训练的操作者实施——你的言语和语言治疗师应该能够帮助你。

准备开始：想法

☺ 你的"注意捕捉器"盒子，它要放在孩子拿不到、但你自己很容易接近的地方（参见第2章），也可以准备5~6个大盒子（有盖子的塑料储藏盒最理想），每天可以轮换着使用。

要有几个盒子而不是一个大盒子的原因是因为自闭症儿童有以下表现：
- 注意广度狭窄，如果没有将其注意力特别引导至某个玩具，他可能是飞快地掠过这些玩具。
- 不知道自己有哪些玩具，除非这些玩具是他非常执着要玩的。
- 有语言困难，使得他在要求某样特定的玩具时很有挫折感。
- 有想象问题，这意味着每日变换玩具可以维持他的兴趣。非自闭症儿童每天在玩他的农场玩具时可能会在头脑里精心地编故事，他们用同样的玩具学习新的技能。而有一些游戏技能的自闭症儿童仍旧仅仅可能是有2~5分钟的时间在玩其中某个特定的玩具。

变化玩具可以形成灵活性，预防你的孩子固着在某样玩具上，而这个玩具通常是他每天期望并需要在同一个地方看见的（但是他仍旧不可能玩这个玩具）。

☺ 可以尝试对每个盒子设定一个主题，比如，房子、动物。这里有一些关于将什么放入盒子的例子。

主题：房子

- 一本关于这个主题的书（如，房子）。
- 一套以房子、厨房或者家具为特征的拼板玩具。
- 橡皮泥（割出可搭建房子的形状）。
- 一张用于涂色的房子的图片。
- 两个泰迪熊/娃娃/茶杯、茶壶、洗碗布、牙刷。
- 积木（足够用来搭建两个简单的房子——一个是你的，一个是孩子的）。
- 娃娃的家具（每周变换家具，比如厨房，然后是卫生间，等等）。如果孩子专注于"容器"风格的活动，例如，将茶杯之类的东西放进去，那么就要小心使用娃娃的房子。娃娃的一间房子也许仅仅是变成另一个堆积东西的橱柜！开始时可以尝试在桌面上互相面对面地玩这些玩具，然后再慢慢地引入"房子"。

主题：动物

- 塑料做的各种农场动物——参见第14章，如何编制一个游戏序列。
- "制作一个场景（贴纸组成的各种场景的书）"——农场。
- 噪声制造者（管子，被弯曲时产生某个动物的叫声）——让孩子弄出声音，你帮助他将声音与适当的动物相匹配。
- 动物快照（参见第8章中的轮流游戏）。
- 贴一张动物图片（更多想法可参见第13章）。
- 将塑料动物与它们的图片相匹配（参见第6章）。
- 动物拼板。

其他主题

- 形状。

- 购物。
- 烹饪/食物。
- 情感。
- 人物。
- 天气。
- 医生。
- 花园。
- 家庭。

☺ 角色主题盒子——些儿童对电视里的某些角色有特殊的兴趣，比如《托马斯和朋友们》中的托马斯，也许有一堆相关的拼板，等等。将这些东西放在一个盒子里，你可以组织不同的活动，但始终采用的是孩子熟悉的、令其感到舒服的形象。通过玩橡皮泥和纸，你可以将这些事物与这个主题联系起来（比如，玩橡皮泥，为天线宝宝烤面包）。将所有这些东西放在一起，意味着你不会冒这样的风险，如果将《巴布工程师》（Bob the Builder）这本书放在另一个盒子里，会让孩子那天除了这本《巴布工程师》，其他什么都不要玩！在游戏时间结束时，你也可以把相关的录像作为奖励物。不要忘记，要有一张计算机的图片，上面写着该电视节目相关的网络地址。儿童电视节目常常有非常吸引人的网站，上面有围绕某个特定角色的打印材料、游戏和活动。你要与孩子坐在一起，提示他，与他轮流玩，而不是留他一个人看着屏幕。

在大概2—3周之后，要变换盒子中的物品；增加新的活动，将其他的藏起来一段时间。

全书各个章节提供了关于如何玩游戏盒中某些物品的各种想法，比如：

- 使用双份物品的间接平行游戏——与孩子并排坐在一起，玩与他相同的玩具——这可以是乐器、玩具车、一些积木，等等。模仿他做的事情，尽管他做得是多么随意（或者多么不恰当），将物品放入嘴里，模仿他发出的噪声。要经常用眼睛扫描下，看看他是否在观察你。利用他的某些动作，改变它们——看看他是否在模仿你的动作。要给出一个温和的简单的解释，然后停下来给他一个停顿时间——观察你孩子，看看他是否停下来，要将他做出的手势看作告诉你他想继续的举动，并对之给予反应。

- 简短的指导式游戏——将游戏分解为多个独立的任务(参见第3章)。
- 使用图片脚本的结构性游戏序列（参见第14章）。

要使用适合孩子的交流水平以及愿意互动的方法。目标是在每一个活动中花5分钟或者更多的时间让两者有很好的互动。有时，你可能无法管理2分钟，而有时候孩子也许会带给你很多惊喜，比如他能参与半个小时。通常的原则是，跟随他的步伐。

个案：萨莉

萨莉自从2岁起就有了一个玩具锅。她现在3岁半了，仍旧只把这个玩具锅当作一个橱柜——将衣服、书和洋娃娃都放在里面，而将玩具平底锅和食物扔得到处都是。

萨莉的妈妈制作了一系列游戏盒子，试图增加萨莉一天中与她一起玩的时间。萨莉喜欢吃炸薯条，在游戏时间里，她的妈妈就将这个（很谨慎）作为强化物。有时她也将萨莉喜欢的、在纸上画长直线这一活动作为奖励物。

萨莉的妈妈决定撤除这个玩具锅，于是制作了一个新的游戏盒子，主题为食物。她在这个盒子里放的东西有：

- 两个娃娃，盘子和塑料食物——用于喂食假装游戏。
- 两个塑料平底锅，两把勺子，两张卡片（上面画着小煤气炉）——用于烹饪假装游戏。

○ 橡皮泥，用于做假装的食物。
○ 一本可重复使用的贴纸书，主题为食物。
○ 一本关于"帮助妈妈做饭"的书。

通过使用一张提示"娃娃游戏"的图片以及一张提示薯条的图片，萨莉的妈妈引入了娃娃游戏，游戏中有一个娃娃、一个盘子、游戏用的给她自己的食物以及给萨莉的一套材料。萨莉的妈妈开始很享受地玩这个游戏，并持续了一段时间。最后，萨莉开始模仿妈妈喂娃娃吃东西，妈妈表扬了她，"很棒——萨莉给宝宝喂东西吃了"（这样萨莉就很明确地知道妈妈对什么感到高兴）。随后，妈妈给了她一根薯条，将薯条引入到游戏中，"一根薯条给宝宝吃，一根薯条给萨莉吃"，这个轮流的游戏让萨莉大笑起来。几次这样的游戏之后，他们转向假装在图片煤气炉上烧菜，用橡皮泥准备食物，和妈妈一起看烹饪的书。

几周之后，妈妈再次将那只锅引入到游戏中。妈妈仍旧和萨莉并排在一起活动，并确保周围没有其他的玩具/书可以被放进锅里。萨莉现在能够恰当地使用一些玩具了，玩具煤气炉看起来像以前他们玩的、画在卡片上的那个，平底锅也同她习惯使用的一样，她的游戏有了意义和目的（去喂宝宝）。萨莉仍旧需要妈妈将游戏时间结构化，在活动结束的时候仍旧要好好地把锅收起来。这样又经过了2周后，他们增加了假装购物的游戏，并让她帮助做一些真正的食物。

玩 具 资 源

要利用你已经拥有的那些玩具，当你去购物时，要清楚你可能需要什么（而不是冲动性购买，然后事后后悔）。好的玩具资源包括旧物销售、慈善商店、玩具博览会等。以下这些做法常常是明智的，即自己去买玩具，游戏开始时玩具不出现在视野中，然后再正确地将之引入到结构化游戏中，而不是一开始就允许孩子自由游戏，否则你的孩子可能会形成一个不会偏离的、僵硬的游戏模式。记住，如果一些玩具现在超出了孩子的能力，那么这就是一个很好的讨价还价的机会，买下它，然后藏起来以备后用。

如何去寻找合适的玩具

- 玩具不应该因使用要求高于孩子能力的精细动作技能（用手/手指控制）而让孩子感到挫折。玩偶、茶具等要有孩子容易操作的那种大小规格。经过精心设计的活动可以用来锻炼孩子的精细动作技能，比如串珠或者系带子，要使用大孔的大珠子和硬线（将胶带绕着线的末端绑一圈，使它很容易穿过洞）。通过这一方法，孩子可以毫无挫折感地建立起自信，并能够快速完成任务，而没有长时间地分神。
- 那些部分互相镶嵌或嵌套的玩具也应该比较容易玩。如果你自己必须手很巧地才能镶嵌完，那么你的孩子可能会遇到很大的困难，变得很烦恼，或者会丧失兴趣。
- 自闭症儿童倾向于玩那些不要求想象的现实的物品——比如，看起来像真的一样的玩具电话机，而不是图案鲜艳、有很多人物的那种。
- 玩具从视觉上来看应该是不注重细节的——例如，朴素的玩具茶具要比有繁杂的细节装饰的好。
- 要寻找部件不太容易弄坏的玩具，例如，有一些玩具的部件是突出的，比较脆弱，容易被折断。
- 拼板应该是简单的、厚实的、扁平的。镶嵌式拼板非常不错，绝对是适合的。

记住，选择玩具时不要依据盒子上显示的年龄水平来判断玩具的适合性。首先要仔细地查看，并想象你的孩子玩这一玩具时的情景。

将玩具分为挑战物和强化物

所有游戏盒中的玩具都可以被看作"挑战物",也就是说,他们可能不会被拿起来、恰当地玩。它们可能会挑战孩子的游戏技能,他愿意并能够玩它们的时间相当有限。为了激励他玩这些玩具,你需要一个强化物或者奖励物(强化游戏行为的物品实际上是很令人愉快的,它们可以在愉快的活动过程中或者活动结束时给予)。如果孩子有执着的物品或常规活动,你不能简单地撤掉它们;因为它们很快会被另一个常规活动所替代,同时引发更多的烦恼。相反地,要放弃那些游戏盒子,单独使用这些物品和活动,将之作为共同游戏阶段的奖励物。

总之,强化物可以是孩子自愿选择参与或发现很吸引他去观察的玩具、物品或者活动。游戏时,强化物会因不同儿童而各有差异,常常不是我们所认为的那样。它们可以是:

- 旋转的盖子、顶或轮子。
- 仅仅是将一样物品从一个房间搬到另一个房间。
- 按照特定方式摆放的一套物品或者是构成复杂常规活动一部分的物品。
- 吸引孩子去看的物品或者是可以朝着孩子发出令人开心的声音的物品——闪光管、气泡管、晚会鼓风机、口哨,等等。
- 撕纸。
- 可吃的奖励物——葡萄干、薯条,或者是巧克力(虽然要将刷牙作为常规活动之一)。

如果你允许的话,这类活动很有可能会充斥孩子一天中的绝大多数时间。另外,有一些活动(或者"仪式性动作")是不要求任何物品的,如身体转圈、拍手、走来走去、摇来晃去、喉咙发出噪声、开门和关门等。

开始时，这些活动都可以成为强化物；孩子能够在尝试完成游戏活动之后获得这些奖励物，也可以是语言或者图片命名的奖励物，比如"休息时间"（参见本书末尾的图片提示）。

允许将自我刺激或者看起来自闭的行为作为奖励物，看起来你好像没有做任何努力，但是要记住你将要做的是：

- 减少一天中孩子参与此类活动的时间。
- 积极地利用这些行为，将之作为劝诱孩子与你互动的一种途径。
- 让你的孩子感到舒服和放松，去做他自己。

有一些自闭行为比如自我伤害（敲头、咬，等等）很明显是不被允许使用的。减少此类行为的方法需要与临床心理学家一起协商——寻求帮助。最后，你的目标是引入包括互动在内的更恰当的奖励活动：吹泡泡、唱歌、挠痒痒游戏、气球游戏，等等（更多的想法可参见第二章）。

沟通和互动可以作为给他们自己的奖励，是最终的强化物，但是直到孩子能够超越他逃避社会互动这一自闭冲动、享受它带来的益处时，它才可能成为强化物，它激励他去参加这些活动，但这更可能来自于其接触的一些事情。

然而，孩子总是会需要一些时间来做他自己，有时仍会表现出自闭症孩子的特征。如果你想让孩子的所有自闭症行为都消除，那这可能会给你和孩子带来很大的压力，而且还有可能带来一些负面的影响。

调整当前的玩具以消除压力

在游戏阶段，孩子所关注的任何玩具都应该放到游戏盒之外的地方。我儿子很快就忘记了玩具熨斗是用来假装熨衣服的，而是沉浸于让它平衡在某个不可能的位置。要将这些物品上的线以及其他柔软的东西拿掉，开始时，他们会对它缺乏兴趣，但接下来，我们就可以开始一直不断地学习恰当地玩这些东西。最好在孩子看见它之前就移除这些东西。但是，如果这不可能做到，那么就需要将玩具撤出几周时间，之后再将其引入游戏中。如果孩子固着的是玩具本身的一部分，例如，旋转小汽车上的轮子，那么就可以将这类玩具移出玩具盒，并将这一活动作为奖励物（但是要保证你用相似的玩具与他游戏）。

现实主义的重要性

现实主义是贯穿本书的一个主题，是在游戏时间中你要认识到的一个重要概念，孩子存在的沟通和想象缺陷意味着，他对这个世界的许多知识都是以他所看到的和参与的为基础的。学会模仿是一个基本的游戏技能。首先，对孩子来说，比起模仿复杂的想象行为，模仿那些对他来说具有实际意义的、简单的每日动作会容易得多。在一天当中，有许多模仿真实生活的机会，例如：

- 洗罐子。
- 取出洗衣机里的衣服。
- 烹饪。
- 使用工具。
- 购物。
- 打扫。

如果孩子更倾向于用实际的设备，而不是他的玩具版本，可以尝试调整这一点，但要保证安全，例如，切真实的食物如蘑菇，可以给他一把钝的刀。若是洗东西，可以提供安全的台阶让他够得到水池。若是打扫，可以使用真实的畚箕和扫帚。如果他表现出兴趣和动机试图参加这类活动，那就让他做。由于这个活动可能比较混乱或者不是你为那一天预设的结构化活动，因此，离开这个活动对你来说很具吸引力，但是孩子任何去模仿的动机都应该被鼓励。

你的孩子也许在与玩具建立某种关系方面存在困难，因为他需要真实的情境。例如，他可能需要一条他的小汽车可以行驶的路，有起点和终点——可以尝试在卡片上画一条道路。将路的一端画上一座房子和一个车库，另一端则画上加油站或者公园（或者你的孩子乘着小汽车逛，比较熟悉的其他地方）。要让它很简单，这样就容易开始——可以向他展示小汽车离开家去公园，然后回到房子那里。可以尝试按比例放一些东西，这样他们看起来很"正确"，也可以创设一个娃娃和泰迪熊使用浴室、床和桌子的情境。可以用卡片或者绿色的毛毡做一个农场动物生活的地方，用盒子做一个动物园动物生活的笼子。还可以将塑料的海洋动物放在水池中。要仔细地看他的游戏，使用小道具去填补他的想象需要的东西。

特殊的有用的玩具

有助于你游戏的一套基本的有用的玩具包括以下物体：
- ☺ 比较厚实的形状分类玩具——现在有不少形状分类和堆积环玩具，可配合一个声音或者闪光对正确的反应进行奖励。
- ☺ 容易抓握的一系列玩具人物和娃娃的家具。
- ☺ 一套简单的农场动物系列玩具。
- ☺ 用可反复使用的贴纸"制作一张场景卡片"。
- ☺ 简单的两块、三块、四块拼板（孩子很容易操作的拼板数目）。
- ☺ 玩具食物/茶具/购物篮。
- ☺ 串珠游戏。
- ☺ 柔软的、很容易抓握的球。
- ☺ 一些豆袋（更多体育游戏玩具的想法，可参见第9章）。
- ☺ 大积木而不是小积木。大积木可以让儿童有更好的灵活性，避免孩子每次都迷失在搭建高塔中。木制的建筑类大积木可以有多种不同的用途：
  - ○ 配对游戏——将积木与图片进行形状或颜色匹配。

- "各就各位，预备，开始"游戏——搭建和推翻塔的游戏可以教孩子等待你的线索。
- 做出两个或三个模型让孩子模仿。

☺ 磁块——可以从专业的教育供应商那里购买整套的磁块。它们可以用不同的方式组合，做成多种特殊的物品，不能像积木那样用来简单地搭建高塔。它们可以很好地将零碎的东西拼凑在一起，不会出现将东西拆开这种令人感到挫败的问题。

☺ 可以用于"各就各位，预备，开始"这样顺序的玩具，比如，球/弹子，多米诺骨牌等。这类活动都有期望和奖励的元素在，它们鼓励注意，也为你的孩子创造机会去进行沟通，这样他会通过说"多一些"，或做出一个手势表示"再来"，或伸手去拿玩具，想让活动再来一次。

生日和节日

自闭症儿童常常发现一些特殊场合内的"新"事物的狂轰乱炸让他们备感压力和不愉快。这些社会接触包括给予和接收礼物的时候，这对他们来说都是很困难的。为了解决这些问题，你可以尝试下述方法：

- 一次只给一个礼物，给你的孩子足够的时间来看它，明白这个礼物是什么。任何其他礼物经过几天以后都会被过滤掉。
- 如果把礼物包扎起来会引发孩子对里面是什么的担心，可以尝试用玻璃纸进行包扎（这一方式让他觉得他的礼物并"没有被包扎"，他可以看到里面是什么），也可以将物品画在礼物标签上，或将图片贴在礼物标签上。
- 不要迫使孩子在其他人面前打开他们给的礼物，如果他不愿意这么做的话。可以缓慢地、从容不迫地对客人说，"你真是太好了——谢谢你，我们待会儿再拆"，来向孩子示范良好的行为举止（朋友和家庭成员不会因此受到冒犯）。通过这种方法，你能为孩子做好准备。自闭症儿童发现自己有礼貌地行动以及隐藏失望是非常困难的，这会使收到礼物变得很尴尬。礼物常常是非常有用的（比如一本书），但是对你的孩子来说并不会马上就有吸引力。如果情况是这样，那么，就不要制造一个没打开礼物的问题，而是温和地将书引入到你的阅读时间里。

- 在快要到节日或生日的时候，可以制定一份适合孩子的物品清单。
- 可以将送礼物和收礼物纳入到阅读和游戏时段的故事里。你可以用那种方法去演练恰当的反应。
- 如果对孩子来说撕纸是一件大"事情"，要检查包裹中不要有那些易损坏且让他感到愉悦的东西。
- 不要过多地让节日人物出现。有陌生人登门拜访的故事会给孩子制造很多的焦虑。可以尝试让孩子不要过多地与节日人物说话，如果可能，也要向其他兄弟姐妹解释为什么他们应该这么做。

玩具也可以作为小道具来帮助你进行互动，它具有令人难以置信的用处，但也可能引发不可言表的挫折和沮丧感，或者仅仅是被忽视感。要仔细地挑选，仔细地建构，仔细地计划，这将帮助你最大程度地获益于你已经拥有的这些装备。最后，节日和生日可以作为年度事件成为一种常规活动，让儿童熟悉，这样它就会被兴奋地期待。

·6·

桌面游戏和益智类玩具

什么是益智类玩具？

所谓"益智类玩具"是指可以让你的孩子思考的任何物品——是有清晰的一套动作的活动，可以由你提供提示，并有一个解决方案。益智类玩具对自闭症儿童来说存在较多的问题，其原因有多个，不仅仅是因为益智类玩具本身的问题。这类活动通常需要：

- 来自成人的指导。
- 儿童的合作，包括进行观察和听从指导。
- 实际去参加这一活动的动机。

通常，非自闭症儿童在上述任何一项上都不存在问题，完成益智类玩具这一任务所产生的快乐本身（同时还有相关的表扬和关注）就是一种奖励，可以激发儿童再次尝试和继续前进的动机。对于自闭症儿童来说，上述任何一条都会妨碍到他们的游戏，最终影响学习。这些儿童无法在一天当中通过尝试和探索新的想法来进行随机学习；思考问题的僵硬模式和言语的呆板，使得他们常常抗拒参与某些活动，而这些活动要求他们共同注意一个问题并运用灵活性思考方式对这个问题进行解决。

但是，对于自闭症儿童来说，益智类玩具所具有的某些吸引人的品质可以用来帮助他们学习和互动：

- 益智类玩具游戏是可以预测的——它们只有一个正确结果，可以一次又一次不断地被重复。
- 益智类玩具游戏是视觉性的，不管是完成一个拼图还是对图片进行分类，自闭症儿童常常可以很好地利用他们的视觉通道。

通过益智类玩具游戏进行学习的一个辅助手段就是结构。结构性游戏是这本书中不断出现的一个主题，适合于类似阅读、绘画等活动，也适合于益智类玩具和协同游戏。有关结构性游戏以及将一个活动分解为独立的任务这些方面的内容，更多信息可参见第3章。下面列举的许多活动也可用于早期学习"工作盒"这样的活动，这也在第3章中有所介绍。

对于这一类型的游戏，要记住的是：

- 要将活动区域限制在一个特定的地方——最好是你们都可以坐的一张桌子。
- 可以利用一张图片提示告诉孩子并提供线索给他，告诉他你将要开始哪一个活动，另外还要向其解释结束时将有奖励或者休息。
- 指令要非常清晰、简单——不要对孩子同时给出口头指令和身体动作，以免负荷过度。
- 仅仅要求孩子每次合作很短的时间。

如果孩子发现，这一方法的指导性太令其感到不舒服，就要回到间接的游戏策略上，例如，在你们俩面前，有相同的任务，各自完成你们的任务。可以通过利用这种技术去获得孩子的关注，将孩子的注意力引导到你正在做的事情上，然后逐渐慢慢地引入下面所提到的那些简短的指导性游戏。

准 备 开 始

即使你感到孩子的能力超过了任务的要求，如果这是你第一次引入桌面的结构化游戏，那么，还是要从很简单的任务开始，这一任务只是要求孩子跟随你的指令——对于自闭症儿童来说，有一些指令是相当有压力的，也非常令人不舒服，这也是最初的训练时间应该保持简短的原因。

☺ 将一个小容器（杯子、盒子等）放在桌子的中央，把像塑料玩具这样的东西放在孩子面前，首先叫他看你（这是比较具有压力的一个要求，儿童会发现眼神接触很令其苦恼），然后将玩具放到盒子里。事情的进展可以如下所示：

妈妈：查理，看妈妈……

（几次要求之后，查理与妈妈进行了眼神接触，有几秒钟的时间）

妈妈：好，查理。将小鸭子放到盒子里，查理……

（查理忽视了妈妈的要求，开始站起来，走开了。妈妈将他拉回到椅子上。）

妈妈：将小鸭子放到盒子里，查理，然后挠痒痒……

（查理很喜欢被挠痒痒。）

（妈妈给查理看下面的图片）

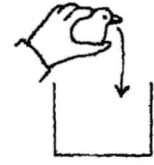 

（然后，妈妈很温柔地抓住查理的手，让他抓住小鸭子，将它移到盒子边并放进去）

妈妈：是，做得真棒……查理将小鸭子放进了盒子里。

马上，查理离开了他的椅子，妈妈与他很好地玩了挠痒痒、玩闹的游戏。在之后的训练时段里，尽可能地让这个游戏保持轻松休闲——妈妈让小鸭子在桌子上"游泳"，放进盒子里时发出响亮的"嘎嘎"叫声。虽然查理的许多游戏都是基于妈妈根据他的情况所做的调整，其目的是为了鼓励他意识到妈妈，但是妈妈感到，类似这种简短的结构化的桌面游戏有助于鼓励儿童跟随指令，有助于发展其加工和理解语言以及克服讨厌被指导的能力。

☺ 孩子也许更偏好用这样一种方式去完成一项活动,这一方式对其具有更多的意义,例如,将勺子放在一个杯子里,将饼干放在盘子上,将铅笔放进盒子里,等等。

虽然可以练习教孩子听并跟随一个指令,但这不是意志之战。你要提醒自己,这看起来非常简单的活动,实际上通过要求孩子抗拒他大脑里自然的逃避动机,对孩子提出了很多要求。可以将这个活动纳入到游戏中,并增添一些乐趣:将这些物品带入生活中,或者开始时尝试利用手指玩偶来表现这个动作。对所有各种形式的互动来说,手指玩偶都是非常有用的一种辅助手段——它们可以消除直接面对的压力。

进行眼神接触是非常重要的,即使你孩子发现这相当令他不舒服。当他能够看你的时候,他就能看到你手里抓着正在让他看的是什么,看见你正在做的、展示给他看的事情,也能记住你的表情。所有自闭症儿童在进行和保持眼神接触方面都存在困难,但是困难程度因人而异。对一个儿童来说2秒钟已经是很了不起的成就,但对另一个儿童来说可能非常容易做到。

尝试一下下面的这些想法,可以根据孩子的注意力广度和特殊兴趣进行调整。

形　　状

识别形状

材料

小的塑料水桶或者盒子;两个木制的或者塑料的形状(圆形/正方形)。

指导语

"将圆的放进水桶里。"一次之后,增加更多的形状选择,直到你感到孩子已经可以在它们之间进行一致的辨别。增加其他形状时可以说"给妈妈三角形",或者"指一指长方形"。你的语言要尽可能简单。

对形状进行命名

材料

有一块块"形状"的拼图板。

指导语

将两个形状拿到你的面前,说"哪一个形状"可以尝试让你的孩子说出或者指出他想要的那个形状。比起将所有形状都放进拼板中,这一方式有助于使活动更具互动性。它也给予你一个强化形状名称的机会。

形状匹配

材料

四张形状图片,共两套(也就是说2个圆,2个正方形,2个三角形,2个长方形)。你可以尝试自己将它们画出来——首先,简单地用黑色画出轮廓,这样孩子就不会将形状和颜色的命名混淆起来。

指导语

将一张卡片(例如,一个圆)放在孩子面前的桌子上,举起一张配对的卡片和一张其他形状的卡片(比如,一个圆和一个正方形)。指着桌子上的卡片,问孩子:"哪一张和桌子上的是相同的?"当他指出正确的卡片之后,将它们并排放在一起,说"看,圆,圆——一样的!"你也可以用各种图片卡进行这一配对游戏——尝试"动物快照"卡片或者孩子熟悉的电视角色。

日常生活中的形状

材料

一粒纽扣，一个正方形的过山车，一个三角形的奶酪，或者其他有特定形状的家具用品。

一套简笔画：圆、正方形、三角形，等等。

指导语

将简笔画放在桌子上，将手头的物品逐个递给孩子，说"纽扣是什么形状的"，引导你孩子的手指向正确的简笔画，将该物品放在上面，说，"是的，纽扣是圆形的"。

形状分类

材料

形状分类——该玩具可以用令人愉快的声音或者闪烁的灯光对形状进行反应。

指导语

举起两个形状，让孩子指明或者说出他想要哪一个形状。要从你的提问开始，比如"你想要哪一个形状——圆形还是正方形？"要认识到，他是否每次只是简单地重复你所说的最后一个单词。如果发生了这种情况，要说"指出你想要的形状。"当他指出的时候，然后重复："汤姆想要圆形。"在指导语中要用孩子的名字。

在桌面游戏中增添乐趣

自闭症儿童所享受到的激励和兴奋程度存在很大的差异。当一项活动正确完成的时候，对孩子来说，你愉悦的声音实际上也许是令其感到不舒服的；而另一个孩子也许会因其父母对他行为的愉悦而感到愉快。要判断你孩子的感觉。如果他喜欢表扬，要一致地让他知道你是如何地开心——可以拍手，拥抱，跳一下舞！如果他表现出很不喜欢过于热烈的表扬，那么，就要用另一种方式表现你的愉悦；要让你的声音很安静，但是可以让他玩的东西在桌子上跳上跳下——可以保持游戏新鲜、有活力，令人愉快。

如果看起来某个特定的活动，比如学习形状，对孩子来说不怎么有趣，那么，就要将这个游戏从桌面游戏中撤掉，并尝试另外一种全新的方法，例如：

☺ 将不同形状的画贴在大的垫子上，玩"各就各位，预备，开始"的游戏，此时孩子要跳到正确的垫子上。这也可以用于颜色、物体，等等。

☺ 尝试利用刻板活动比如旋转等作为一个学习单元。有一位女士反馈说，她通过将颜色涂在果酱罐的盖子上让儿子旋转，教会了他颜色。你也可以用三个有不同形状的旋转的东西或者盖子，要求孩子旋转其中一个特定形状的盖子，或者，可以要求他根据一张用铅笔画的六角形的卡片，做一个大转盘。在六角形的每一边，画一个形状，再让孩子转。当转盘停止转动时，看看现在停在哪一个形状上，并将它与图片相匹配。

☺ 在一大张纸上画一个格子，在格子的每一边画一个形状。让孩子在上面做一个小转盘，鼓励孩子指出或者说出转盘所停的形状。

☺ 观察一下孩子沉迷于什么样的活动，看看你是否能够增加学习的单元，将固定的活动引入到桌面上或者某个特定游戏区域，并将其作为结构化游戏和互动游戏时段中的一部分。例如，对于"撕纸"的孩子，可以放三张纸，每张纸上画一个形状，要求孩子撕出这个特定的形状，例如，"海伦，撕一个三角形。"

☺ 尝试用一个小盒子呈现一个活动——一个精美的礼品盒子是很理想的。这给了孩子时间去期望接下来的活动。在活动结束的时候，孩子要有机会将所有这些物品放进盒子里，盖上盖子——用这种方式使用容器对一些儿童来说非常具有吸引力。将这些物品拿走、放回盒子里的过程对孩子来说也是一个信号,意味着这个特定的活动即将结束了。

颜　　色

你可以将上述提到的所有想法用于颜色。不要忘记看看你的孩子已经在玩的游戏和参加的活动,要利用其中的一些元素,也可以尝试下面的一些活动。

颜色命名

材料

四个有鲜艳颜色的塑料球。

透明塑料折叠成一个管子,用带子进行密封。

将塑料管垂直放在一个鞋盒子的洞中,如下图所示:

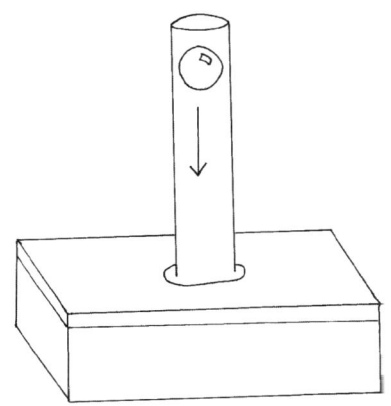

指导语

把两个球举在孩子面前,问他想把哪一个放进管子里。当他指了之后,鼓励他对颜色进行命名。也可以尝试在孩子面前将球排好队,要求一个特定的颜色。当他开始理解名称时,可以尝试排序,例如,"先红色,然后黄色。"必要时利用身体提示,例如,在正确的球旁边敲击桌子,或者碰碰他的肩膀,鼓励他选择。要将语言提示减少到最低水平,这样孩子就不会依赖它们,也不会过度负荷,需要加工太多的语言。

☺ 可以使用一套堆积环玩具来教颜色。如果他们开了灯或者演奏了某个曲调,这类玩具也可用来奖励孩子。可以在玩具店看看婴儿部分的玩具。这类玩具相比一般的要昂贵,但具有特殊的吸引力,可以激励注意力难以维持的儿童。不要担心在桌面游戏中使用"婴儿玩具"。它们通常有"因果效应"的吸引力。

☺ 字母和数字——如果你感到孩子已经做好准备,第15章有许多想法可以用于这一类结构化的桌面游戏。

配 对 游 戏

配对游戏可以玩几乎所有的东西——图片、玩具、实物——但是,对于你的孩子来说,比起图片与图片配对,首先从物体与图片配对开始会比较容易。要鼓励孩子认真地看一个物体,以评估他可以从什么地方开始找到路径,来区分物体之间视觉和功能上的不同(非自闭症儿童通过问问题来解决)。这也给了你很多机会去重复一个事物的名称,让孩子能够将声音与它看起来的样子和手中的感觉联系起来。这些活动利用了孩子的视觉思维技能来帮助他学习。

可以尝试以下活动。

将实物与图片配对

材料

可购买一些简单物体的照片风格的书,将里面的图片剪下来,贴在卡片上。例如,你可以有一根香蕉、一只茶杯、一支铅笔的图片以及与之配对的实物，也就是说，一根香蕉、一只茶杯、一支铅笔，等等。

指导语

将四张图片放到孩子面前，将物品逐个拿给他，让他"找到相同的"。将实物放到匹配的图片边上，以提示孩子。当他做到的时候，对他说每样物品的名称。为了增加额外的兴趣，可以从一只袋子里将物品拿出来，加上惊讶的语气，比如，"接下来会是什么呢？是一支铅笔！"你甚至可以放四只盒子，每只盒子上都贴着照片。然后让孩子将与之配对的物品放进盒子里。

玩具物体与图片配对

可以用照片与相应的玩具玩同样的游戏，例如，拖拉机、动物、球、书，等等，或者将三张照片——你自己的汽车、宠物以及房子的照片放在孩子面前的桌子上，还有三个玩具（汽车、狗/猫、房子）。让孩子"找到相同的"，一次给他一个玩具，让他与正确的卡片匹配。

图片与图片匹配

最后，利用相同事物的不同图片，鼓励孩子对来自杂志等的图片与照片进行匹配。为了给这个游戏增加趣味性，可以将杂志上的图片贴到不同颜色的卡片上，将它们翻过来放着，而照片则是面朝上，在它们上面排一排。如果孩子知道颜色，那么，你可以让他选择一种颜色，将图片翻转过来，再进行匹配，你也可以将它们分散放在孩子面前，鼓励他选择一个。要记住，你可以引入任何一张图片上特别有吸引力的物品。

邮筒游戏

你可以花一些时间将一只鞋盒子变为一个邮筒（用纸遮住、涂色），接着你就有了一个无价之宝，它可以长时间、不断地用于多种活动。记住，不要封口，你需要打开盖子拿东西。

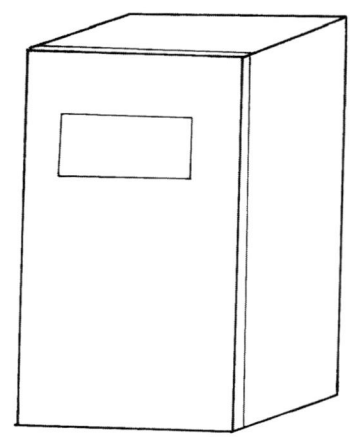

可尝试下面的活动：

辨别言语

材料

一套图片卡——要根据孩子的能力水平调整所选择的内容。

涉及的主题包括：

- 动词。
- 名词。
- 反义词。
- 介词。
- 动作。

○ 身体部位。

指导语

一次只呈现两张或者三张卡片（来自同一个文件夹），直到孩子在这个活动上已经相当熟练。让孩子做类似"邮寄杯子"的事情。要用一些有新意的想法保持他的动机，例如：

- ○ 让孩子戴一只手套玩偶，去进行邮寄——或者你自己戴另一个，将图片交给他。让玩偶吃卡片或者戴着它跑开可以增加趣味性，总之要顽皮淘气！
- ○ 当看到这些动作时——比如，走路，跳来跳去，跳起来——在桌子上有一个娃娃或者泰迪熊，让它表现这个动作（如果你站起来做这个，你的孩子可能注意力会受到很大干扰）。
- ○ 当看着身体部位时，可以有一面镜子一起看脸，或者和孩子互相轻拍相应的部位。

简单的拼板

☺ 最简单的拼板益智类玩具包括将中间分开或者一个角切掉的一张图片。将最喜欢的角色人物的照片或者图片贴在硬卡上，切掉一个角。将它们放在孩子面前的桌子上，说："山姆做这个。"——如果有必要，要提供身体提示，让他将拼板拼在一起。

☺ 拼板玩具要将各拼板块拼到木制板上，常常有适合孩子用的小把手让他抓握，这样的拼板益智类玩具是非常适合的——他们绝对适合，也不会像一般的拼板益智类玩具那样令人有挫折感。同样，一次举起两块拼板，将它们放在孩子的面前，让他选择他想要拼哪一块——使他意识到他正在参与活动。

☺ 当孩子准备转向普通的拼板时，要选择你感到他可能觉得有吸引力的，不要有太多的视觉上的细节内容。同样，要在桌面上或者平滑的区域进行，这样拼板可以很恰当地拼进去，并且放平整。有一个程序叫作"逆向链锁"，简单地说，就是在你首先完成拼板之后，让孩子先拼拼板的最后一块，然后倒数第二块，依此类推。当你完成了拼板之后，让孩子指向图片中的这个部分——如果有必要，用你的手去引导他的手。如果孩子完全对益智类玩具不感兴趣，可以尝试留给他一个完成好的拼板，只剩下一块在外面。他有可能在一天的时间里会将最后一块拼好；第二天，则留给他两块。三天或四天之后，将拼板放回到桌面，看看他是否可以忍受和你一起拼板。

积　木

用积木进行自由游戏可能会出现很多问题，原因有多个：
- 很多块积木能够以重复、刻板的方式使用——堆高、排成队，等等。
- 具有想象力的、创造性地使用积木对孩子来说非常困难，因为他们的想象力受到了严重的损害。

对于能够操作的儿童，事实上，他的塔不会永远增长下去，最终顶部会因太重而倒下来，这会引发孩子的挫折和烦恼。基于这一原因，大小比较好的积木也许是一个更好的选择：比起小积木，它们可以用较少特定的方式彼此叠在一起，并且还有一个新增的优点，就是你可以和孩子一起使用大积木，为他创造一个向你表达的机会，如，为他搭一个塔，采用"各就各位……预备……(很长时间的停顿，等待孩子和你沟通)……开始"的游戏，将塔推倒。

要教孩子灵活、有想象力地玩大、小积木，并将之作为结构化桌面游戏的一部分内容。可以尝试下面的做法：

☺　在孩子面前放四五块积木，给你自己同样的几块积木。给每人一张卡片或一个搭积木的盘子，保持各自的区域独立。将一个三角形放在一个长方形上面，搭出一个简单的房子。可以在纸上画出一个非常简单的房子，然后先指着积木，再回到画，说："一个房子，看，汤姆。"可以围绕三个独立的单元——房子、树和桥——然后尝试增加一些人物。

串　　珠

对于精细动作技能尚未发展完善的儿童，串珠是一项很好的练习活动。可惜的是，商店里能买到的许多串珠珠子都很小，很难抓握。可以按照下面的步骤尝试自己做串珠。

☺　在一个薄的底板上，把一根大约 15 厘米高，如一支铅笔大小（或者更细一些）的棍子插在底板上。

当你去买木棍子的时候（手工艺 / 缝纫店），将这个随身带着，以确定它们是否很容易装上去。要做一些图片，说明珠子按照形状或者颜色顺序串在一起的样子（开始的时候可以很简单，就是其中一颗或者两颗，慢慢地逐渐增加）。将卡片放在孩子面前，提示他珠子是按照什么顺序串在一起的。

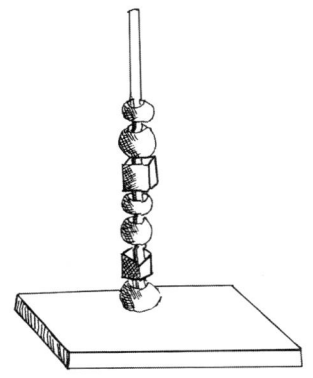

当他掌握了这个之后，可以尝试转向用粗鞋带，用胶带在鞋带末端绑一下，使它更容易穿过珠子。通过串线轴、大纽扣、面团以及吸管做成腰带和项链，来增加多样性。

分 类

由于自闭症儿童所存在的泛化问题，很重要的是，要确保不是仅仅因为一张图片就认为孩子理解了这一名称，而是不管他看到什么他都能一致地使用，例如，真实生活中的奶牛、塑料奶牛、奶牛的照片，等等。尝试安排下述的活动。

图像泛化

材料

两个空的鞋盒子，一些物品，每一种都有两个不同的东西，例如，房子和汽车。可以包括以下东西：

- 一辆玩具汽车。
- 一张你的汽车的照片。
- 一张从杂志上剪下来的照片。
- 一张格式化的卡通汽车照片。
- 加上同样一套表示"房子"的东西。

指导语

孩子将这些物品分类放进"房子"和"汽车"盒子中。开始游戏时，先将头两个（每一类别一个）放进盒子中，然后举起一个物品，指着盒子说，"汽车还是房子？"将这个物品递给孩子，提示他将这个放到正确的盒子中。一旦他掌握了将图像迁移到同一类事物上，你就可以尝试一些简单的分类：

- 动物。
- 人。
- 交通工具。

○ 食物。

○ 花。

只要将单词或者词组键入到搜索引擎，点击"图片"，你就可以利用网络找到许多相同事物的不同图像。你也能在旧贺卡、杂志、漫画以及照片那里找到很多图像资料。可以将它们贴在卡片上，而且你的孩子不会因为背面印着什么而出现注意力分散。慢慢地，你会发现你有了一堆能用于许多不同游戏和活动的图像资料。将这些图像放到一个简单的文件夹中，这样，你就能够在下次需要它们的时候快速地找到它们。

☺ 要在分类游戏中增加多样性。可以变化孩子放东西的地方，例如，盒子、桶或者手提包。可以尝试玩一个鸟和动物的分类游戏。将硬纸板做的树放平，将鸟的图片放在上面。在一天当中，如果孩子喜欢模仿你做家务，可以用刀具做简单的分类任务，或者把要洗的衣服分为亮色和暗色两堆。

记 忆 游 戏

视觉追踪和回忆

材料

○ 两个一样的塑料杯子。

○ 孩子可能会有兴趣去找的东西，例如，巧克力。

○ 2～3张家庭成员和朋友的照片，或者喜欢的电视角色的图片。

指导语

将两只杯子放在孩子面前，在他眼前将巧克力放在其中一个杯子的下面。缓慢地、小心地将两只杯子交替位置，鼓励他指出巧克力在哪个杯子的下面。可以再加上另一个杯子，但只有一个或者两个杯子很缓慢地在变换位置。

当他一致地追踪到巧克力在的杯子时，可以尝试继续玩图片记忆的游戏。开始时熟悉的照片将是很好的起点。

将两张照片倒扣在孩子面前，给他看每一张照片上是什么，开始时说，"这是爸爸，这是西蒙……给我爸爸的照片"。一旦你确认孩子能够辨认所有图片时，将它们倒扣起来（一次两张或者三张），然后问他同样的问题。

所有桌面游戏和益智类玩具都是你在"结构化早期学习阶段"使用得很好的活动，具体参见第三章。你可以尝试选择两个或三个活动在一个时段内使用，之后跟随奖励物／强化物。第五章中有许多关于强化物的内容——它们可以从明显可以吃的东西到刻板性的活动，社会奖励物包括挠痒痒、吹泡泡、玩闹或者有吸引力的物体，比如，闪亮的东西、吹泡泡的管子，这些都是孩子想看见或使用的。记住，要告诉孩子活动结束之后会获得什么奖励物，可以画一张简单的奖励物图片，将它作为图片提示。

记住（包括本书中所有建议），上述建议只是关于你可以选择的一些想法，而不是在你转入下一个活动之前你必须做的活动清单。你可以根据孩子的能力和听从你指令的愿意程度，选择一个适合的活动，每次参加这个活动只需要几分钟时间。

记住，即使桌面的益智类玩具游戏比其他类型的游戏更加正式，但还是非常有趣的，足以激发孩子的兴趣。当父母焦急着盼望孩子与人互动时，如果孩子不能跟随指令完成最简单的任务，而是将留给他的玩具按照从大到小的顺序进行细致排列，或者是有技巧地平衡这些玩具，父母就很容易感到挫败。这时候，游戏就会变得很有强制性，很紧张，此时应该是停止、重新思考和放松的时候了！

7 音乐

救星与敌人

对于自闭症儿童来说,许多人所具有的声音敏感性使得音乐成为他们的救星(隔绝其他令人苦恼的噪声),也成为敌人(当不被期待地强加于孩子的时候)。绝大多数父母回应我的"自闭症和游戏"调查时所做的评论是,听音乐是他们孩子一天中重要的一部分,但是,当孩子固着于特定的歌曲、不断地戴着耳机或者反复地哼着曲调的时候,问题也就出现了。

事实上,对音乐这一问题的所有反馈都显示,它有一个"效应":当儿童喜欢它到某种刻板的程度时,就会受到它的影响,但绝对不是积极的影响。我们知道,音乐对我们的心境有着深厚的影响,令人宁静的音乐可以让我们放缓呼吸,头脑清醒,而令人振奋的音乐让我们充满力量,生气勃勃,音乐也会留给我们特殊的记忆。我们也知道,对别人具有吸引力的某些特定类型的音乐会"让我们心烦意乱",它不利于我们自身自然的节奏,让我们感到非常不舒服……几乎无法忍受。我的儿子习惯于不断地重复同样的带子(特别是在上床时间或者感到有压力的时候)。当他还是蹒跚学步的小孩时,如果我们在旅行时忘记带录音机,那么就一定要花钱去买一个,如果放了错误的带子或者从不同的点上开始放,他就会产生极端的反应。但是,在他生命的头三年,比起任何其他的关注,儿歌对他有着更好的抚慰效果,并且成为我们生活中不可缺少的一部分。

为什么音乐会是一个敌人

听觉加工问题(它不同程度地影响到所有自闭症儿童)意味着没有预期的、以前从未听到过的或者未意料到的响亮的声音都能立即引发焦虑状态——尖叫、远离噪声来源地、盖住耳朵,等等。现代生活中普遍存在的噪声是人类不得不处理的相对崭新的事件。人类的听觉现在不得不应付人工制造的不和谐的背景噪声：一旦孩子走出户外，这些声音马上就会攻击听觉：钻孔的声音、刺耳的轮胎摩擦声、雷鸣般的卡车开车声、高速公路上的隆隆声，即使在家里和工作单位，都不断有打印机、计算机、电视、电灯以及其他电子技术产生的电流工作的嗡嗡声。当城镇的噪声越来越大，急救车以及汽车喇叭的叫声也达到了人耳难以忍受的水平。所有这些声音都可以诱发我们的惊恐，以及对感受到的威胁产生战斗—逃跑的反应。对于感觉加工困难的儿童，噪声会使其语言加工更加困难，如果背景噪声与嗓音处于相同频率，即使背景噪声很轻，也会诱发易激惹、生气的行为，出现焦虑、睡眠差的情况。即使有音乐，这些出乎意料的声音也能诱发出相似的反应，常常导致儿童试图关掉或者砸掉录音机，或者拒绝进入在播放音乐的房间。反过来说，但是也仍旧是消极的，音乐还可能成为一种强迫固着、重复的行为，帮助自闭症儿童逃离其他令其感到较少愉悦的声音（包括言语）。熟悉的曲调所具有的舒适感能够满足他们苛求相同这一愿望，而后者常常让儿童无法放松，并让他们进入到一种"对外界无反应"的孤独状态。甚至是，尽管他尽了很大的努力转移他注意的焦点，但也无法将歌曲赶出他的脑袋。

为什么音乐会是一个救星

当一首歌或者某个音乐的片段令人感到舒服和熟悉，但又并不满足仪式性的需求时，若儿童对环境有控制感，音乐就能挡住令其分心的声音或者感觉，真真切切地帮助他镇静和专注。调查中有不少父母报告，在不同的时间他们的孩子常常通过耳机听音乐来帮助他们将注意力集中在其他事情上，比如家庭作业。对竞争性感觉信息加工方面存在问题的儿童来说，这似乎是一种矛盾；但是，根据相关资料，这看起来并不是个别现象。我自己曾经给两个自闭症成人进行过治疗，他们在戴上耳机听音乐（音量适度轻）时能更专注（也更能听从我的指令）。

作为让过度焦虑的儿童冷静或让不够兴奋的儿童觉醒的一种方式，

音乐是一种能够被接触到的、最直接的事物。音乐被证明可以影响人的激素水平、心率、血压、体温和脑电波模式——音乐就是一种真正的药物！当你为孩子挑选音乐的时候，你要认识到它所具有的效果：摇滚乐可以使被动的孩子兴奋，但也可能引发他们的压力，即使在音乐停止很长一段时间之后，他们仍会处于被激惹的状态，爵士乐也是高刺激性的，足以让孩子觉醒但不会引起压力感。这是一条非常有理性的指导原则，跟随这一条，感觉防御的儿童能够总体上受益于平静的音乐；听音乐时，要观察你的孩子，他的身体和行为是如何反应的。你的选择可以从流行乐到古典音乐到爵士乐再到新世纪音乐。你自己也许习惯于某些特定的音乐风格——要拓展你的音乐范围，注意不同音乐对你自身的影响！

针对自闭症儿童的音乐治疗越来越被认为是一种鼓励互动和社会意识的方法，也是一种有用的放松手段。

可在家庭中尝试的想法

在开始着手下面的做法之前，要认识到孩子对声音的敏感性——让活动的音量和持续时间维持在一个舒适的区域。你的孩子也许很享受音乐，但需要一条围巾包住他的耳朵，或者要用耳塞塞住耳朵，使音乐听起来更加舒服。耳机或者护耳器也能够减弱声音的强度，直到你的孩子习惯它。（如果外面、家里或者学校里的音乐的音量很令人不舒服，那么它们还是很有用的）。

引入新的声音

在你向孩子引入新的音乐之前，你要知道孩子最喜欢的音乐或者他刻板地保持的一些做法，后者是他可以忍受的。首先要充分利用这些，并尝试在此基础上增加灵活性。对他来说，听一段新的音乐，而这个音乐是从以往他只播放令其感到舒适的音乐的同一个播放机里放出来的，这就让其无法忍受。要引入新的声音，可以改变情境——比如在汽车里、使用不一样的 CD 播放机。可以在花园或者浴室里放音乐——他没有听过它的地方，听到它，他也不会发展起某种联系。在听音乐之前一些儿童会对视觉线索进行反应，因此可以制作一个图片符号（例如，一个鼓、小号、唱歌的脸，或者仅仅是 CD 封面的复印件）。对于晦涩的音乐，可以尝试类似彩虹一样的事物——孩子能够与某个特定的音乐片段建立联系的任何视觉性材料。可以将符号贴在 CD 封面上，用第二张图片的复印件与孩子沟通，告诉他哪些音乐即将被播放。你也可以只向你的孩子展示图片，说"音乐就要开始了"，或者将之作为图片日程表的一部分（参见第 3 章"结构性游戏"）。

一起听音乐、玩音乐

☺ 摇摆身体可以为孩子的前庭系统提供感觉输入，年幼的自闭症儿童常常喜欢被成人抱着荡秋千、跳舞，在这种情况下他们可以忍受身体之间的紧密接触，而一般情况下，他们常常会发现这样很不舒服。在视线水平抱住你的孩子，摇晃时尝试维持眼神接触几秒钟时间——这会是一次非常愉快的身体亲密的经验。不要忘记留出停顿的时间，以便在你再次开始前让他形成期待。

☺ 你与孩子面对面坐着，你们的腿互相搭着，将他的身体前后推拉，配合音乐摇晃——记住要将靠垫放在他身后的地板上，以免他的头往后仰！要形成期待，特别是在你唱某些音乐韵律的时候，如"划啊，划啊，划小船"。

☺ 仰天躺着，用你的光脚顶着孩子的脚——他的脚做什么，你也做什么，然后让他跟着你及时移动他的脚。这也可以用手来做。

☺ 让孩子站在你的脚上，你将他抱在胸前，面对面跳舞。

☺ 如果孩子喜欢纸片或者丝带，试着将长丝带或者彩色纸条绑在藤条上（用砂纸将端部磨光），跟着音乐挥舞，或者手里拿雪纺围巾。让孩子看到，舞蹈不是跟着音乐移动的唯一方式，整个身体都可以用来表现音乐，跳上跳下，缓慢地弯曲和伸展，可以毫无拘束（想想，你小时候学校里的"音乐和动作"）。特别是大一点的孩子，他们也许会渴望用非传统的方式配合音乐做出动作，但是，对于不要看起来很傻这一点，他们可能有着自己严格的规则。摇摆身体这一活动也许正是他过于紧张、过于受刺激的系统所渴求的；让孩子的兄弟姐妹们参与进来，这一时间"什么都行"。

☺ 尝试配合音乐做简单的练习。可以选择一些缓慢舒缓的音乐片段或者有节奏感的儿歌。让孩子仰天躺着，将卷起来的毛巾垫在他背后的空隙中——这将帮助他扩展肺部，深入地呼吸，放松。将他的胳膊举起来，慢慢地往后放到他头上的地板上。重复六次，或者只要舒服就继续。在移动腿的同时配合音乐节奏说"外面，里面，上面，下面"。让他形成对动作的期待，然后留一个长时间的停顿来给他创造一个机会，让他做一个手势或者发出声音来表示他想继续游戏。记住，这个时候不是锻炼孩子的四肢（虽然这也有它的益处），而是要使他认识到韵律、时机以及重要的你。

放　　松

对于自闭症儿童来说，学习放松是非常关键的。这为他们以后的生活提供了一个可以控制挫折和焦虑的工具，这个星球上住着的其他人，他们有着不同的思维、理解和感受，这些都能引发孩子的挫折和焦虑。音乐能够为引入放松技能提供很大的帮助。

☺ 让你的孩子仰天躺着，从一边滚到另一边。他可能喜欢你坐在他后面，而不是面对面。在他痛苦、生气、发脾气之后，或表现出焦虑的时候，试试让他这么做。

☺ 跟着音乐给孩子按摩。跟随他的步伐——一些儿童喜欢动作重、目的性强的碰触，而其他孩子则可能认为这种动作具有侵入性。如果你的孩子喜欢这种方式，可以尝试参加按摩班，学习如何安全地进行按摩，或者与你的职业康复部门讨论一下有关感觉统合策略方面的事情。

☺ 配合音乐的节奏往他的手和脚上抹滑石粉或者乳霜，作为睡前的镇静活动。你的孩子也许喜欢这个，同时也想对你这样做——忽视由此造成的混乱，享受在一起的时间！可以收集一些"放松"的音乐，比如大自然的声音，但是要认识到孩子可能会认为这些声音是不舒服的。你可以看看一种特别的枕头（Sound Asleep Pillow），这是一个平常睡觉时用的枕头，内置了一个连着MP3播放器的扬声器——这很适合那些认为耳机干扰他们注意力、令他们感到不舒服的儿童，或者那些与兄弟姐妹们分享卧室的孩子。

配合韵律的脚本游戏——鼓励用歌声说话

使用音乐，并不仅仅意味着玩某一组音乐片段；而是意味着配合"言语"或"歌唱着的"言语适时敲鼓、拍手等之类的事情。严重语言困难的儿童常常是先会唱儿歌，然后是在治疗师的训练下缓慢地从唱歌转向说话。正常的言语都有节奏感，要掌握时机，即使是高功能、言语很流利的自闭症儿童都会觉得很困难——这使得他们在成人社会生活中显得很笨拙。利用韵律与这样的儿童玩游戏，能够在许多方面帮助他们，比如：

- 夸大说话韵律和音调，能够使自闭症儿童对一句话什么时候开始、停止有更清楚的认识，有韵律的语言看起来能够让他们更容易注意到内容。
- 早期缺乏与人进行互动的动机，意味着许多自闭症儿童已经错失了学习类似"社会性轮流"这样的前言语技能的机会，使得他们的对话轮流存在问题。自闭症儿童的言语非常单调呆板，常常不等待回应或者不关心其他人想说什么。将你的言语与孩子的动作同步，可以使他认识到他的动作可以改变你言语的速度和内容，这会吸引他加入到共同的活动中。

如何在实践中发挥作用？——想法

看了这本书之后，你可能对如何与孩子建立联系的正确的方法有了更多的认识，你必须要抛掉某些限制——经过一段时间，一旦某些情境出现，你就会找到一种自然的说唱方式去利用它们。

☺ 每天你都有不少向孩子说唱的情境，例如，穿衣、洗脸、刷牙、梳头、吃饭、荡秋千、滑滑梯。

如果孩子不习惯你唱歌给他听，你可以用温和地、很低的声音开始唱——一天中只要一到两次。如果你发现当场做这件事情有点困难，那么，就记下一些想法，不管是在深夜，还是在浴室洗澡、烫衣服的时候——任何你只要有 5 分钟进行思考的时间。可以包括以下这些内容：

○ 一些简单的旋律（但是这不是对诗歌技巧的一次考试）。
○ 重复。
○ 孩子的名字。
○ 孩子正在做的动作。
○ 简单的语言。

你不需要坚持用特定的曲调——你只要即兴发挥——但是你可以从使用熟悉的儿歌开始，比如《小星星》。这里有一些例子：

(根据"一闪一闪……"的曲调)
托马斯，托马斯，在刷牙
托马斯，托马斯，刷得真干净
刷，刷，刷得白白的
刷，刷，又干净又明亮
托马斯，托马斯，在刷牙

托马斯，托马斯，刷得真干净

（根据《小小蜘蛛》的旋律）
露西，露西，露西
这是喝茶时间了
露西，露西，露西
和我坐下来
我们要吃完所有的食物
直到都吃光了
露西，露西，露西
喝茶——吖牟吖牟（YumYum）

（根据《划啊，划啊，划小船》的旋律）
刷，刷，刷琼的头发
让它发亮，发亮
轻点，轻点，轻点，轻点
现在，它看起来多好啊。

下面还有一些你可以根据自己的曲调唱的内容。

穿衣

（要充满热情，包含握手、点头，等等）
让我们穿衣，杰克，让我们穿衣
这是你的短裤，这是你的内衣
一条腿，两条腿，它们都进去了
准备好了吗？（停顿）没，还没
让我们穿衣，杰克，让我们穿衣

这是你的裤子，这是你的 T 恤
两条腿，两条胳膊，它们都进去了
准备好了么？（停顿）没，还没
让我们穿衣，杰克，让我们穿衣
这是你的袜子，这是你的鞋
左脚，右脚，你来猜一猜？
准备好了么？（停顿）好了，好了，好了！

指点

这个旋律可以用于解决理解人称代词（我、你、他，等等）的问题：
我能看见窗户
你也能看见吗？
我能像这样指点
现在轮到你啦！（如果有必要，将孩子的手指指向一个点）
指指窗户
这里，看
指指窗户
莎莉和我（指指孩子，然后指你自己）

你可以用同样的格式增加许多句子，例如，"我能看见屋顶/云朵/树"，等等。

下面的可用于安慰烦恼的孩子（不要用"怎么啦""你做了什么啊"来轰炸他们，等等）：
伤心，伤心的小男孩，来我这里
现在不要哭了，坐我膝盖上
伤心，伤心的小男孩，安静，安静，安静
现在在我怀里安静了

安静，安静的小男孩，来我这里
现在仍旧坐我膝盖上
安静，安静的小男孩，现在开心了
现在在我怀里开心了

开心，开心的小男孩，来我这里
现在仍旧坐我膝盖上
开心，开心的小男孩，让我们笑，笑，笑
抱一抱，让我们玩一玩

不要忘记用普通的儿歌旋律去鼓励孩子与你互动。类似"逛，逛花园，就像泰迪熊，一步，两步……给你挠痒痒！"要增加一个停顿，鼓励孩子完成这首歌，或者让他用眼神、声音或者手势进行非言语的沟通，以表示他想继续。

自然的说唱

在一段时间的结构化游戏之后，孩子可能需要休息一会儿——有自由的时间做他自己的事情——即使他仅仅是毫无目的地在房间里转，沿着直线走，或者挥动纸张。当你感觉到这个休息时间很长，而且没有任何互动的时候，要尝试通过唱歌来引起他的注意，唱的内容是对他正在做的事情的解说。虽然我用的是"唱歌"这个单词，但这仅仅是有节奏的说唱，也可以是根据熟悉的或者是编造的旋律唱的歌。同样，所唱的歌要缓慢、简单、重复。例如：

威廉跑向门，跑，跑，跑
敲，敲，敲，敲，在敲门

威廉从沙发上跳下来，一，二，三，
威廉现在坐在地板上，看着我
艾伦看着天空，蓝蓝的，蓝蓝的天空，听，听，听
艾伦听到小鸟叫，唧唧，唧唧，唧唧
接着小鸟飞走啦！
约翰在滚，滚，滚，向后，向后
沙袋格叽响，格叽，格叽，格叽
现在约翰在拍手，拍，拍，拍
快点，快点，快点，噼啪噼啪响。

你绝对可以将任何事情都做成这个说唱词的样子。最初，孩子可能会忽视你，但是很有可能，他逐渐会意识到他的身体运动和动作都影响着你说的韵律和内容。他也许会行动快一些，看看会发生什么，或者完全停下来看看说唱词是否停下来（当然这是肯定的！）。他也许会开始哼唱或者重复你说的，这样原来一直发生的事情，原本是他"独自的""孤独的"状态的事情，变成了更多共同参与的活动——于是，你所说的、所做的与他正在做的有了联系，具有了意义。

☺ 根据孩子的动作，改变你说唱词的速度和韵律——快速的动作配合快、响亮的声音；缓慢的动作则配和低沉、缓慢的声音。

☺ 当孩子动作完全安静的时候，要迅速停止你的说唱。这本身就能成为一个游戏，几乎像音乐雕像一样。

☺ 尝试用一种简单的乐器为说唱伴奏，但是，要尽量让乐器声音比较轻，这样孩子才能听到你唱的歌词。

☺ 不要太早放弃——也许孩子要花5分钟的时间才能意识到你在做什么。同样地，如果这件事情持续的时间太长，孩子就会表现出生气的样子，此时应该停下来。

做你自己的音乐

在整本书中，我一直推荐"主题式的游戏盒子"，盒子中，任何可用于获得注意的新东西和小东西（第2章）都可以组织起来，用来创编想象性游戏（第14章）。同样地，这也可以用于音乐盒子，这个盒子中可以有商店里买的以及家里自制的乐器，最好是"两套"——一套给你，一套给孩子，如果孩子喜欢一手拿一个，那就要有三套或者四套。

建议将下列物体放入你的音乐盒子中：
- 手鼓。
- 铃。
- 鼓。
- 响板。
- 儿童用键盘（非常简单的一种，相对比较便宜）。
- 塑料长笛。

要制作的东西

- 木头积木，用砂纸将一面磨光。
- 各种形状和大小的罐子，当用木头勺子敲击的时候可当作鼓
- 年龄大一点的儿童可能喜欢空牛奶瓶装水的声音
- 沙球风格的乐器，可由多种材料制作，以发出不同的声音——记住，要用包裹带密封盖子和容器剩余部分的接合处。可尝试下面所列的这些容器：
  - 塑料牛奶罐。
  - 金属咖啡罐。
  - 小鞋盒。
  - 塑料饮料罐。

○ 牛奶盒。

可能的填充物：

○ 沙。

○ 干豌豆/豆子/扁豆。

○ 纽扣。

○ 米。

○ 干面粉。

使用音乐盒子

模 仿

　　学会模仿是一项至关重要的技能，绝大多数父母都会理所当然地这么认为，除非他们的孩子因为一些原因不能或者不会模仿声音或者动作。自闭症儿童常常在模仿方面存在基础性的问题。但是，本书中所提到的许多活动都是以分解游戏技能为基础的，因此，每一次你的孩子只被要求模仿一个动作。对于教孩子模仿来说，音乐声是一个很好的基础——这些声音常常本身就是奖励物，有助于激励儿童去听从指令。可尝试下述做法：

　　☺ 向孩子表明现在是玩乐器的时间（可以用言语，也可以用图片提示），之后将两个乐器（一模一样的）放在你和孩子面前，例如，手鼓一人一个。当孩子拿起乐器时，你要努力地复制他用它弄出来的每一个声音。要让孩子认识到，你正在模仿他；试着与他保持短暂的眼神接触，看起来好像你正在思考他弄出来的是什么声音。如果有必要，可以请求另一个成人的帮助，让其帮助他发出一个特殊的声音，例如，在手鼓上敲三下，然后这个人说这样一些话，"现在轮到妈妈了"。将孩子的注意力引向你，此时你在手鼓上敲三下。一旦孩子理解了这一事实，即你正在模仿他，看看他是否会模仿你（同样，此时另一个成人的帮助对于提示他是很有用的）。鼓很适合用于产生独特的、响亮的"砰的"声音，以供孩子模仿。然后你可以转而鼓励孩子认真听一段旋律，再进行模仿——开始时要尽量简单，最好是熟悉的旋律，比如儿歌。

☺ 如果孩子很喜欢他自己的嗓音，可尝试一下"麦克风回音"——拿一个麦克风，试着模仿他的嗓音。要对任何他试图模仿你的声音的行为进行反馈。

☺ 在一天中，试着留下两个乐器在外面。如果他捡起其中一个，就可以开始用这个乐器，要马上准备，并开始模仿他！而且玩的时候要表现出很开心的样子，同时要观察你的孩子在做什么。

倾听的游戏

学会倾听是一项很有价值的技能（不管是对有言语还是无言语的自闭症儿童），通过此类练习，此方面的能力可以得到改善。记住，在一天当中，要向你的孩子指出一些声音让其倾听——水龙头的滴水声、屋顶的雨声，等等。

作为结构化音乐时段的一部分内容，可以尝试下面的一些游戏：

☺ 当孩子习惯于一些结构化桌面学习时，可以在你自己和孩子之间的桌面上竖一面屏风——这是一块向一边弯曲的简单的重型卡片，它可以垂直地平放在桌面上，你也可以用木头做一个更加厚实的屏风。竖在桌子上的样子如下页图所示：

开始时用一个乐器发出一个声音，让孩子仔细听，然后用他自己的乐器也发出一个——你也许需要寻求另一个成人的帮助，以提示他倾听并选择。当孩子进行正确的选择和反应之后，给他一些积极的反馈，比如给他看你的乐器，这样他就能看到他也用了同样的乐器。当他开始学会倾听一个声音时，尝试发出两个声音，然后是一排三个声音，看看他是否模仿一串声音。最后，提示孩子选择一个声音让你模仿，让活动进入轮流游戏阶段。

☺ 音乐大碰碰——"停止/开始"倾听游戏，适合与兄弟姐妹、朋友们一起玩。可以从最简单的版本开始——音乐大碰碰。开始时，你可能需要给很多的提示和鼓励，以帮助孩子理解期望的是什么。不需要他跟着音乐跳舞；你也许仅仅是挥舞胳膊或者站着。游戏的目标是让他倾听音乐和音调。当音乐停下来

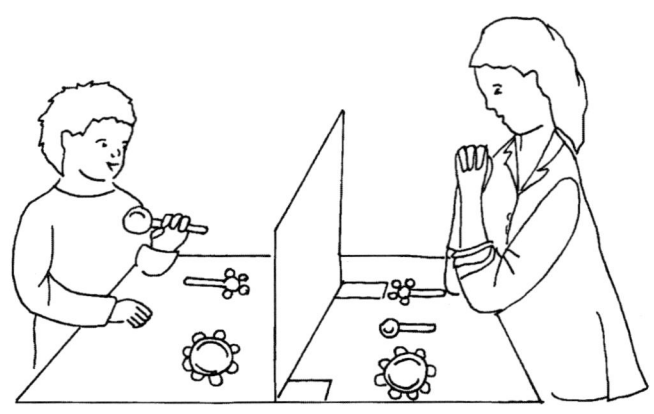

的时候就坐下来。也可以给孩子一个键盘或者一只鼓（同样的，第二个成人是有用的）。当你跳舞的时候，要鼓励他随意地玩。随后在第二个成人的帮助下孩子停止玩耍，你也想停止下来，一动不动。为了孩子，要将这个变得非常有趣——假装颤动，用一条腿站立，咯咯地傻笑。让他看看你做这些游戏的原因是因为这非常有趣！

☺ 你可以尝试利用一张新颖的贺卡来做一个非常简单的停止/开始游戏，这张贺卡打开时会发出音乐声、关上时声音则停止。对孩子来说，他自己都很容易做到，不需要成人的任何帮助。可以让孩子玩停止和开始声音的游戏，同时你要配合孩子跳舞——最终他将明白，他的动作在影响着你，他在控制着这些！

☺ 声音配对游戏——这个游戏要花费很多的精力，但是绝对会成为有趣的、可作为其他倾听游戏跳板的游戏。开始时可以先选 5 个东西的照片，贴在你的家里。例如：

- 汽车。
- 伸进浴缸的水龙头。
- 水壶。
- 洗衣机。
- 收音机。

每一张照片都有两套,将其中一套贴在卡片上。比较复杂的工作是记录每一种声音,你可以通过手机的录音设备或者 MP3 播放器来进行。每种声音至少要录制 10 秒钟,要清楚地认识到那些让孩子感到不舒服的声音(比如,吸尘器的声音)。录的时候,要注意,声音与声音之间要留下空隙,这样孩子才知道什么时候一个声音停止了,而另一个就要开始了。当所有这些照片的配对完成、你完成了这个游戏的时候,可以绕着房子走一圈,在真实的生活中听听这些声音。

☺ 在玩具商店里,有许多具有对讲功能的玩具售卖——孩子可以与玩具讲话,它录音,然后再发出声音。这常常是以应声虫玩具的形式出现,但其他版本也正在进入市场。孩子能够发出各种声音,听到他自己的声音是怎样的,或者你可以发出简单的声音(如元音),鼓励他模仿。通过电子玩具(假设音高和响度是令人舒服的)倾听言语声音,比起关注其他的来自人类交往的社会性要求(如眼神接触),常常具有较少的对抗性,也较少引发焦虑。但是,电子学习设备在用来鼓励有目的地发声和说话方面仅仅是一种补充性的辅助设备。

减少家里的背景噪声

你可以利用很多小型的但很有效的测量工具,来减少家里孩子不得不忍受的背景噪声。

- 查看一下每个房间,确定有哪些设备正在待机中,可以关掉电源。这不仅可以减少背景嗡嗡的噪声,也将减少电费支出。
- 查看一下冰箱、洗衣机的振动支座。如果你要使用搅拌机、咖啡豆研磨器或者其他厨房电子产品,你最好事先告诉孩子,并且关上厨房的门。

- 给食物搅拌器、打印机和电脑加一个衬垫（地毯衬垫就很好）。
- 地毯以及软的家具装饰，如窗帘可以吸收和减少噪声。
- 在家里，可将一些旅游用的软质泡沫耳塞或者毛茸茸的耳罩放在孩子可拿到的地方。
- 让孩子帮助设置他能承受的门铃声或者改用敲门装置。

记住，对你们两个人来说，与孩子一起玩和沟通的过程应该都是愉悦的过程。如果你真正地将自己投入到活动中去享受它的乐趣（而不是你感到孩子要完成什么），如果你大笑、微笑，有滋有味地参与整个过程，那么孩子也将开始理解，仅仅与你在一起就是一件很好的事情，而他的行为以及与你的互动（所有这些）都是很重要的。

听觉统合训练

对于没有听说过听觉统合训练（Auditory Integration Training，简称为 AIT）的父母，这是值得一提的训练方法。许多父母曾经报告过运用此种治疗方法的良好结果，他们将之作为一种训练手段来帮助听觉加工有问题的儿童。听觉统合训练最早由 Guy Berard 博士所创，他是一位医生，对耳内肌肉、神经与大脑、平衡器官如何一起作为一个完整的系统工作非常感兴趣。当耳内的信息没有被大脑以应有的方式加工时，个体就会对某些频率的声音过于敏感，也会在调节他们自己的音量方面出现问题。听觉统合训练利用调节后的音乐对耳部肌肉反射进行训练，以提高大脑对输入声音过滤的能力。没有人真正知道这背后的机制是如何工作的，但是，这一疗法已经有好多年的时间，已经帮助了许多人。不管运用哪一种疗法，一定要对它保持敏感性；如果孩子看起来感到不太舒服，就要停止这一疗法。

另外一种治疗程序是 Samonas 方法，一位名叫 Steinback 的德国声音工程师在解决了病人的精神病问题之后，在光盘上制作了一系列经过科学的结构化的音乐。现在，这个音乐被广泛用于各种病人，以解决他们的听觉和信息加工问题、言语困难、多动问题以及其他问题。这个音乐可以通过购买光盘而获得，可以在家里实施，而无须去专门的治疗机构，如果你正在寻找新的音乐，那么，这也是一个很好的开始的地方。

· 8 ·

游戏中的轮流

心理理论和社会发展

"心理理论"这个术语指的是通过他人告诉我们的内容来理解他们的思维、情感和信念的能力，或者是"读心"的能力——不仅仅通过语言，而是通过音调、面部表情、身体语言，等等。

我们有很多的社会手段来帮助我们的互动能够顺利进行，就我们试图表达的意思给听者一些额外的线索：我们说一些善意的谎言去维护人的一些情绪；我们明确意识到他们的"社会空间"，小心地不去进入；我们允许别人犯错以及对自己的误解，同时也希望别人也同样对待我们。当我们在一起的时候，我们也认识到，关于对话中的某个特别主题，别人对它的背景知识了解多少，然后告诉他们想知道的内容。我们给出也能读懂这些微妙的线索，以确定说话者何时结束说话，轮到自己，从而"轮流"参与对话。

即使我们会有意识地对我们如何说、如何做能使别人感觉到或他们为什么以某种方式行动进行反省，但很多时候我们的社会经验的发生仅仅就像是一些潜意识的机制在不断地引导我们的大脑，去监督这一深奥的、复杂的社会互动过程。

在儿童身上，这一社会沟通技能从他们很年幼的时候就开始发展了。例如：

两岁的马克斯假装他的泰迪熊是活的。当他和妈妈一起合作参与这个活动，让泰迪熊说话、移动时，他仔细地对她进行了观察，他还"知道她知道"，泰迪熊不是真的活的，但是两人假装共同完成了游戏，因为这样很有趣。

5岁的珍妮患有自闭症，观察妈妈玩同样的游戏，她看起来很困惑。她拿走小熊，重复地将它平放在地板上。

"看，珍妮——他是活的。"妈妈说。

珍妮（能力很高，能够说话）回答，"他是一个玩具"，然后又一次停止了游戏。

珍妮不理解妈妈为何想玩这个游戏，她在想象性思维方面的问题意味着她不知道妈妈已经知道小熊只是一个玩具。

自闭症儿童常常被认为存在"心盲"问题，因为即使他们有足够的语言技能，但他们在理解他人的思维、情感和信念方面仍然是非常困难的。

为什么轮流对自闭症儿童如此困难？

轮流的能力建立在能够让我们读心这一相同过程的基础上。

为了轮流，我们需要：

- 意识到另一个人是游戏的一部分。
- 意识到他们是游戏中不可或缺的一部分——没有他们，游戏就不能成为游戏。
- 判断什么时候轮到我们，在轮到别人的时候要有耐心。
- 意识到他们正在做什么——在一些游戏中，这会影响到我们之后的行动是什么。
- 最终要尝试预测他们正在思考什么 接下来他们会做什么，这样我们就能调整自己的行动，以便赢得游戏。
- 最复杂的情况是，我们可能吓唬、虚实并用或者小心谨慎地发出错误的非言语信号，以混淆其他参与者。

假设缺乏社会理解是自闭症症状存在的基础，那么，对于自闭症儿童来说，所有形式的社会性"轮流"都会存在问题。结构化游戏活动的目标是尽可能早地促进他们的轮流能力，不仅帮助他们学习，也能帮助他们处理这种"社会"缺陷，这些缺陷会明显影响到儿童每日生活的许多方面。

对他人的意识：有益的实践活动

在自闭症儿童能够试图去理解他人的想法、意图和情感的时候，他们首先需要意识到"他人"是实际存在着的，而且他人的物理性存在和经验都是与他们自己不同的。可以尝试用以下的活动去激发这一意识：

☺ 当你抱着孩子的时候，将他举到脸部水平，指着你自己，然后对他说："妈妈，雅各布。"

☺ 当房间里有一些人的时候，让孩子用手指那个你叫他名字的人——必要的时候引导他，提示他。你可以通过说一些话让游戏进行下去，例如，"指指苏的脚／无袖套衫／头发"，等等。

☺ 一个可照到全身的镜子可以让你的孩子进行观察。你们可以并排站着，说一说你们有什么不同："妈妈高，凯茜矮"，等等，在观察镜子里的人时，可以鼓励孩子指出他身体的部位，例如："指指凯茜的脚……指指妈妈的脚"，等等。这是一个可以在洗澡后进行的很好的活动，儿童常常喜欢看他们自己不穿衣服或者头发湿漉漉的样子。

☺ 要勇敢地让孩子使用面部涂料（蜡笔风格的材料是最便宜的）。坐在镜子面前，提示他"将妈妈的鼻子画得红红的"，等等。一起看看结果，然后看孩子是否让你画他的脸。

☺ 交换衣服——将你的无袖套衫穿在孩子身上，让他看看镜子里的自己。试着穿上他的袜子！说"这袜子太小了！看它们要让我摔倒了！这袜子是谁的？……雅各布是不是有这么小的脚？"来让他发笑。

☺ 做一本相册，里面有你婴儿期的照片，你的兄弟姐妹们婴儿时候的照片，也做一本你的孩子婴儿时的相册。看看这些照片，谈谈他是婴儿的时候以及你是婴儿的时候的样子。看看他婴儿时的衣服和玩具，如果你有当时的录影，可以重新回顾一下这些旧录影。

☺ 在一天当中，可以叫孩子将一些物品带给其他人，如果有必要，通过身体手把手地引导他，例如，"詹姆斯将信给爸爸。"抓住孩子拿信的手，将他带到爸爸那里——要使用激励/强化物，只要你感到适当就行。

☺ 要争取朋友和兄弟姐妹们的帮助，可以让大家沿圆圈坐着。你坐在孩子后面，这样你可以提示他维持坐着的姿势。随机地将球滚给圆圈中的某个人，叫那个你想将球滚给他的人的名字。他再将球滚给其他人，喊他们的名字。当球滚到孩子这里时，鼓励他说出圆圈中某个人的名字，或者对着你指指这个人，说出名字。鼓励他滚球——开始时你可能需要抓住他握球的手，手把手地帮助他滚球。当孩子能够参与到这个活动中时，可以按照下述方式继续进行：

让孩子与两个成人（也许是妈妈和爸爸）一起坐在"圆圈"里，将球在你们三个和任何一个拿球的人之间滚来滚去，说一些关于你们自己的事情。开始的时候，可以是简单的身体上的描述，例如，"我是短头发""我穿着红色的无袖套衫""我的名字是……"，等等。孩子需要许多支持才能理解这一游戏。如果有必要，让其中一个成人成为你孩子的"声音"，触碰一下他们正在描述的东西。在几次游戏之后，可以让兄弟姐妹们或朋友们参与进来。

对他人想法的认识：有益的实践活动

☺ 在一天当中，要不断地告诉孩子这些事情你是如何感觉的。例如，如果他坐在你的膝盖上，你可以说："当汤姆坐在妈妈膝盖上的时候，我感到很高兴。"如果天气很不错，你可以说"我喜欢阳光，它让我感到很高兴。"开始的时候仅仅只引入"快乐"和"伤心"，然后增加类似"焦虑"或者"生气"这样的情绪。不要忘记用单词来描述他的情绪，这样他就能将这个名称与情绪联系起来，例如，"汤姆在生气……让我们一起跺跺脚……"。不要仅仅将注意力放在那些强烈的情绪上，当孩子很冷静或者昏昏欲睡时，也要记得告诉他。他不会理解单词"冷静下来"的含义，除非他能够记住你用冷静这一个单词命名的时候它是什么样的一种情感。理解他自己的情绪对于他理解别人的情绪是不可或缺的。

下面的活动可以作为结构化学习活动时段（参见第3章）的一部分内容：

☺ 制作两套表达情绪的图片，如第十二章所示，可以玩配对的游戏。将一套图片放在孩子面前的桌子上，将第二套举起来，一次一张，说"你能找到相同的吗？"当孩子正确匹配了情绪之后，你可以说："做得很棒——他们都感到很伤心"。要调整你的音调来匹配你的表情。可以用不同的方式来增加孩子参与游戏的动机和兴趣——例如，可以转向"邮寄"这个游戏，或者增加"魔术贴"使配对游戏成为一个明确的过程。如果孩子对辨别图片中的情绪存在困难，可以使用一套情绪的照片卡。记住，这是一个复杂的活动——要判断孩子是否准备好去完成这一任务。如果没有准备好，要留给他几个月的时间，并集中关注那些增加其对他人意识的活动。

☺ 如果孩子能够一致地辨认图片中的情绪，可以尝试将图片与情境进行配对。在本书中可找到一些镜头，比如一些人摔倒了，在吃冰激凌，在树林里走，等等。如果孩子会被书分散注意力，那么，你可以制作一些复印件——你甚至可以将面部表情抹掉，这样你一边说话，一边能够用铅笔在上面加上表情。将这些"镜头"图片放在孩子面前，简单地、缓慢地描述正在发生的事情，让他将一张情绪图片与人物中可能感受到的情绪进行匹配。相应地，你可以指着每一张情绪图片对该情绪进行命名，例如，"快乐""伤心""痛苦""害怕"。鼓励孩子指出卡片，或者对恰当的情绪进行命名。要一致地使用命名——如果你选择了"害怕"或者"痛苦"，那么，要将"焦虑"这个名称留到后面，直到孩子可以理解它们之间微妙的差别；同样地，可以选择"生气"或者"痛苦"。对于大一点、能力强一些的儿童，可以让他们在面部上画表情。当你做这项活动的时候，要时刻记住你孩子可能存在的任何特殊的、不一般的恐惧。如果孩子非常害怕小丑，那么，你就不要期望他说出某个特殊的人物正开心地看马戏。要避免给他们看一些可能引起他们焦虑的图像，否则他们将失去完成这一活动的动机。

☺ 如果孩子能很好地应对此类活动，有着良好的语言技能，可以投资购买一套"为什么/因为"的卡片。要配对呈现和展示一个特殊的场景以及结果，例如，"小女孩在哭，因为她打碎了花瓶"。可以在你的结构化学习时段使用这些卡片。在孩子面前举起卡片，描述上面正在发生的事情，例如，"看，小宝宝在哭……他为什么哭呢？他想他妈妈了吗？他弄坏了他的玩具吗？"等等。最后举起第二张卡片，描述真正的原因，"看，他饿了。他现在正在吃东西……他感觉如何啊？"当你用这种方式使用语言的时候，通常可以给予孩子很多时间来回答问题，但是，你只能期望他关注很短的时间。

☺ 使用手指玩偶以及柔软的玩具来描述情感。会尖叫或发出噪声的手指玩偶具有良好的"捕捉注意力"的能力，能够通过尖叫（快速、兴奋的尖叫；缓慢、伤心的，等等）来表达情绪。在我家里，一天当中我们都持续不断地使用一个特殊的手指玩偶。有时，我儿子把它拿到我们面前说要玩，更常见的是在他跳上跳下的时候，我们用这个玩偶"将他带回来"。他常常听"萨米在叫"而非我们说的话！如果他打、咬、或者敲击这个玩偶，我们就能让它正确地做出反应！玩偶能够利用吸引包括自闭症儿童在内的所有儿童的方式来模拟出某种想法。尤其对于自闭症儿童来说，玩偶可以消除"直接"与他人互动所产生的焦虑，让你能够通过"第三方"与孩子建立联系。要仔细地选择玩偶——那些看起来像人的玩偶稍微有点令人厌恶。开始时，也许可以尝试那些你认为有吸引力的动物。

☺ 一天中，如果孩子要求一些东西，那么，你要告诉他你也想要什么，"妈妈也有点饿——我想要一根香蕉"。如果你有不喜欢的东西，也要告诉他——他会发现一些好玩的夸张的反应。但是，要小心，在这个过程中不要教他排斥那些你不喜欢的东西。

小小的开始：与成人一起玩轮流游戏

在本书所有章节中，许多活动都有一个"轮流"单元。除了这些活动，你还可以尝试下述专门用于鼓励孩子轮流的活动。在这个短暂的互动时间要运用很多激励性的强化物。对自闭症儿童来说，这种水平的指导和干预是令他们感到非常不舒服的，他会将绝大多数的精力用于"切断"与你的联系上。如果他继续抗拒，你可以尝试使用间接的方式——让他与兄弟姐妹们玩，或与泰迪熊一起玩，你甚至可以制作一个"轮流"的录像（参见第12章）。

☺ 滚球可以作为奖励活动用于轮流练习。将球在你们俩之间滚来滚去（就从每人两个开始）。要告知现在轮到谁了，鼓励孩子耐心地等待轮到他（与兄弟姐妹们一起玩也是非常好的一个活动）。可以采取"各就各位……预备……开始"或者"1……2……3……开始！"的方式。要确保你对孩子的等待进行了特别表扬（可以说"真棒……在等呀"），而不是一般的无特殊性的表扬。鼓励他注意球轮到谁了，并一起说"各就各位……预备……开始"，等等。

☺ 你们可以轮流进行拼板镶嵌、形状分类、将图片投寄到家庭自制的邮箱中、切割橡皮泥的形状、跳下台阶等活动——实际上，任何你能让孩子感兴趣、有动力的事情都可以进行，然后继续前进，转变为轮流的练习活动。要有创造性——要将你自己的参与作为一种方法，在游戏中引入新的想法，来让孩子模仿。

☺ 玩"我能看见"或者"指一指"的游戏——往窗户外看，轮流说："我能看见一只……鸟"，或者仅仅是让孩子指着花园中的某样东西说："汤姆能够看见一棵树……妈妈能够看见一架飞机。"

☺ "制造场景"卡片很容易获得，可以包括描绘场景的卡片式插页、重复使用的"剥即贴"贴画等。要为孩子选择一个你感到有特殊吸引力的场景。在你们俩面前，将这张场景卡片打开，放平，在一边放一张有贴画的表格——开始时不要使用所有的表格，从 6 张开始（每一张有三个粘纸）。可以轮流选择贴画，将它粘在有场景的卡片上。你可能需要另一个成人来支持你的孩子，使活动能在轮流练习的轨道上进行（而不是仅仅你们两个在一起制造一个场景）。要告知你将在卡片上放什么，比如，"妈妈在池塘里放了一只鸭子……现在轮到露西了"。要让活动非常有趣，并具有激励性；要使贴画"做"事情以便让孩子发笑，或者让泰迪熊成为第三个"轮流者"。虽然这个活动是鼓励孩子去学会轮流，但是要记住，这也是玩游戏。

☺ 对于一些儿童来说，他们会发现用贴画贴场景要求手要巧，会感到很难把握，你可以尝试自己做一个"场景"，并对它进行仔细调整以吸引孩子。你需要一些硬卡片、不同颜色的毛毡、剪刀、胶水和环形带。

确定某个"场景"——你可以试试海边（在一次旅行之后）或者选择一些不起眼的东西，就像有顶的橱柜（这很符合我儿子对"容器"的兴趣）。可以用一张贴了毛毡的 A4 纸大小的卡片作为背景——如果你正在做室外的场景，可将它分为绿色/蓝色，如果是海边，可以是黄色/蓝色。如果用于橱柜这个"场景"，可做一个简单的长方形形状和一扇门，将几条黑色毛毡作为橱顶。然后收集 6～8 样物品，你可以"轮流地"将它们放到橱柜中。它们可以如你喜欢的那样简单或复杂——一只泰迪熊，一个球，一辆汽车，一面鼓，等等。用毛毡简单地盖住硬纸片，在背面画出形状，将它剪下来。最后，将魔术贴贴在背面，贴到"场景"卡片上，这样它们就粘在了场景上。

随后，你可以采用贴画场景中相同的方式来使用这一活动。你甚至可以进一步将此作为一个步骤，制作两个相同的场景，同第七章所描述的倾听游戏一样，玩一个"屏幕"的游戏。在你和孩子之间的桌子中间竖一块隔离板——在听从指令方面，第二个成人可以为孩子提供支持，例如，他可以说，"杰克将球放到壁橱里"，等等。如果你孩子会说话，对他提出的目标可以是告诉你将东西放到什么地方，如果他不会说话，另一个成人要鼓励他指出他挑选的东西，然后成人再说出指令。要让你的孩子明白你在做的事情是依赖于他的指令的。

☺ 幸运的小鸭游戏：小黄鸭一边绕着池塘游，一边嘎嘎叫。年幼的学习者能够轮流从池塘里抓走小鸭子，然后与游戏板下面的颜色进行匹配。这个游戏仅仅适合轮流、颜色匹配和无压力的早期社会游戏。

☺ 蜗牛速度赛跑的游戏：这个游戏用于需要学习轮流但不能忍受挫折的儿童。有六个颜色亮丽的木制蜗牛沿着板移动到有颜色编码的骰子所扔到的地方。虽然是儿童扔骰子，猜哪只蜗牛第一个跑到，哪一只最后跑到，但蜗牛并不为任何一个儿童所"拥有"。因此，这是蜗牛而不是儿童赢了或输了比赛，能够让儿童的挫折感减少到最低水平。

与同伴和兄弟姐妹一起玩轮流游戏

对于自闭症儿童的兄弟姐妹来说，拉他们参加所有与自闭症儿童一起开展的活动，常常是不可能的。但是，对于自闭症儿童来说，当某个活动足够简单、有趣，并且可以在某种水平玩而这种水平不会阻碍他人享受游戏的乐趣时，那么，这一活动就应该被鼓励。特别是第9章（"体育游戏和活动"）中有许多可在调整后用于与兄弟姐妹一起玩的轮流游戏。在这些游戏中，其他儿童提供了一些角色榜样，而这些角色榜样不能仅仅由成人提供，对于自闭症儿童来说，参与到和普通同伴以及兄弟姐妹们一起的"正常"游戏是很关键的。

如果兄弟姐妹们大到足够可以理解自闭症儿童的问题时，就要用他们能够理解的术语进行解释，要让他们拥有这些信息。有一些很不错的书围绕这个主题对这个问题进行了很好的处理。

结构化轮流游戏与体育活动有很大不同，它需要付出更多一点的努力，要求成人有更多的干预和指导。可以尝试以下做法：

☺ 让儿童坐成一圈。（你也许希望开始时为自闭症儿童提供支持，但目标是要将支持移掉，这样他可以作为小组的一员独立地玩耍。）当你唱歌时，鼓励儿童沿着圆圈将一面鼓传下去：

将鼓沿着圆圈传

沿着圆圈

沿着圆圈

将鼓沿着圆圈传

直到传到……史蒂芬

随后史蒂芬敲敲鼓，而其他人唱歌（跟着相同的音乐）：

敲鼓

砰砰，砰砰，砰砰

砰砰，砰砰，砰砰

砰砰，砰砰，砰砰

敲鼓

砰砰，砰砰，砰砰

砰砰砰砰砰砰砰砰

当然，你可以通过变化乐器来改变这个游戏——可以尝试沙球、鼓风机、铃声，等等。

为了让孩子将注意力集中在"坐"上，可以让他有一个特殊的靠垫或者一把椅子。你甚至可以制作一张关于"坐"的图片提示，你可以将它放在孩子的一边，或者举起来提醒他坐着。

☺ 你也可以就相似的主题做游戏，利用一袋"有主题线索的"物品——塑料动物、颜色主题的物品、食物玩具，等等，"沿着圆圈传递一只包"。当包"传到"某个孩子时，他就拿掉一样东西，然后说出这是什么。对于不能言语的儿童，你可以制作一套图片，将它们都固定在一张卡片上。当孩子拿掉一样东西时，让他随后指向卡片上那张配对的图片（不要忘记在图片上写这个物品的名称，这样他就能够建立图片与单词之间的联系）。提醒游戏中的其他儿童，要给孩子充分的时间，鼓励他们不要大声说出答案。

帮助轮流的辅助手段

- 当轮到孩子/成人的时候，可以尝试让他戴一顶帽子或者一枚徽章——这给自闭症儿童一个物理上和视觉上的线索，提示他什么时候轮到他和其他人。
- 提供一个孩子必须留在那里的特殊区域——这可以是一块小方毯、一个靠垫或一把小椅子。
- 使用视觉计时器或者简单的烹饪计时器（如果孩子不介意铃声），那么，他就会意识到这个活动要花多少时间。
- 将"轮流"活动纳入图片日志，并且使用强化物（奖励性活动、食物，或者特殊的孩子感兴趣的东西）
- 一旦有可能，引入特殊的孩子感兴趣的玩具、图片以及想法。

日常生活中的轮流

- 要试着抓住一天中的多个瞬间。可以通过常规活动引入"轮流",并让孩子意识到他人。例如:

  "安娜想要果汁……妈妈想要咖啡。"

  "安娜坐下来……妈妈坐下来。"

  "安娜梳头发……妈妈梳头发。"

- 在结构化学习时段,在任何一项你正在完成的活动中加入"轮流"。例如:配对、分类和投寄。
- 如果孩子参与的是独自活动,比如旋转、发出声音、堆高,你可以加入进去,告知孩子"轮到妈妈了"。要小心,不要只是玩孩子在玩的事情——要使用你自己的版本。可以模仿孩子的行为,然后等待他再做一次。可以尝试将活动调整为一个轮流的练习。

让整个家庭来围着特殊儿童的需要运转,而不向他指出其他人也有他们自己的需要、情感和渴望,这是很容易的。要告诉孩子什么时候你或者家庭中的其他人感到饿、渴、热、冷、困,等等。这不仅可以给他示范如何恰当地使用言语名称,而且也提示他,除了他自己,这个房间里其他人也有情感。

要让你的语言紧扣本质,要认识到即使你对他的情感贴了一个标签,他对这个世界的经验仍旧是异于你自己的。你只能对真正进行的事情做出猜测!

·9·
体育游戏和活动

感觉统合问题

什么引发了自闭症儿童平衡和协调方面的问题，让他们变得多动或活力不足？

我儿子在大约18个月大时让我们产生了焦虑，其中他最显著的问题之一是糟糕的平衡性和协调性。即使在2岁半他还没获得诊断的时候，他也已经掉进了警戒水平。当我们列举了他臀部、腿、视觉和听觉等方面的生理问题之后，这一点变得越来越明显，属于自闭症一部分的加工问题也表现在他"异常"的笨拙上。为了理解这是为什么以及什么活动可以帮助他，我偶然地阅读了 Jean Ayres 博士* 的研究以及感觉统合的理论。她所描述的感觉加工问题是对伴随自闭症症状的那些生理问题和奇怪行为所给出的第一个也是最普通的解释。

所有自闭症儿童都有着不同程度的感觉加工困难。在本书中最常被提到的感觉问题是听觉加工问题；这是绝大多数父母可以快速辨别的一个问题。他们的孩子可能对某些特定的声音有极端反应，会捂住他们的耳朵或者尖叫，或者用独特的方式举起杂志，让声音能够更靠近他们的耳朵。自闭症儿童在味觉、嗅觉、触觉和视觉等领域也会存在感觉加工困难，导致刻板的进食、抗拒被拥抱，对某些衣物的质地、明亮的阳光或鲜艳的颜色过度敏感，以及一大堆其他令人感到困惑的行为。不是所有的儿童都会表现出这些敏感行为，但那些令人烦恼的行为常常可以与感觉加工问题联系起来。

---

* A. Jean Ayres博士首先提出了感觉统合理论，自此之后，这个理论被很多儿童发展临床工作者、职业治疗师所采纳和认识，他们对儿童开展特殊的训练以帮助儿童更加有效地整合感觉输入信息。

为什么将感觉加工的这些内容纳入这一章？

如果我们理解孩子正在应对的这些感觉问题，那么，我们就能够运用体育游戏和活动，不仅将其作为一种手段去刺激和鼓励他们游戏和沟通，而且帮助他们应对大脑给他们带来的非常真实的挑战，他们的大脑对来自身体的信号有着相当不同的加工过程。

本体感觉是关于你的身体与所处环境关系的一种无意识的内在认识。当本体感觉系统正常运行时，走路时我们不用去看我们的脚在哪里；我们能够很好地控制力道，在面包上涂黄油或者使用削尖的铅笔时不会折断笔尖；我们能够做出判断，比如举起重物时我们需要抓得更紧一些；我们坐在座位上时不会有意识地想到我们坐着；我们知道我们的手指末端在哪里，可以利用它们的敏感性去扣紧纽扣、操作细小的物体，我们能够闭紧眼睛，但同时仍旧对拇指留有立体感。当然，随着儿童的大脑发展，成熟的本体感觉系统也会逐渐改善和发展，但是，当同龄儿童变得越来越灵巧时，有着不好本体系统的儿童会发现所有这些事情做起来都很困难。由于缺乏真实可信的感觉信息，这些儿童会表现出极端的逃避行为，或者追求很重的压力；碰、撞人以及家具，或者看起来很虚弱、被动。

其他的感觉加工形式是，当我们移动时，来自眼睛的信息告诉大脑，我们的头和身体在生理上处于一个怎样的空间——不仅仅是直立或者躺下来，而是各种状态之间的运动变化。这被称作前庭系统。本体和前庭信息的加工问题不像对声音敏感这样明显，但是在玩体育游戏和活动时，所有自闭症儿童都能够受益于这一类信息加工，而体育游戏和活动能够锻炼大脑加工此类信息的能力。非自闭症儿童则通过力量型的体育游戏，包括踢、扔、平衡、跳等，来改善这一种能力。

在加工前庭信息方面存在问题的自闭症儿童可能表现出以下所有或部分行为：

- 讨厌被举着离开地面或者倾斜。

- 将头后仰，对后面有什么毫无感觉。
- 校正平衡有问题，频繁摔倒或容易撞在一些东西上。
- 绕开地板上的障碍物有问题。
- 游戏时特别粗鲁——不知道如何调节触碰，让它没那么痛！
- 活动水平过高或过低。
- 骑脚踏车时要看他们的脚在哪里（而不是向前看），或者荡秋千时会倾斜着去看地面（然后摔倒了）。
- 摇晃/撞头。
- 感到有靠近地面的需要，姿势很死板，或者总是坐着。
- 缺乏组织和冲动性的动作。
- 在开始和停止走或跑方面存在困难。
- 对高度过度恐惧或过少害怕。

上述所列举的行为并没有穷尽所有的表现。

除了方位、运动以及声音加工方面的问题之外，儿童也会体验到味觉、嗅觉以及视觉方面的困难。视觉与其他所有感觉通道一起进行感知、加工，并相互联系，这不仅包括通过眼睛正确地关注到视野中的事物。我们必须跟着移动、聚焦，以便到处活动时不会感觉到这个世界移动得过快，顺利地聚焦、加工近物到远物，我们对无用的视觉信息进行过滤，潜意识地登记那些对手头任务很有必要的信息。对于视觉信息过度负荷以及加工困难的儿童，到处活动这件事情对他们来说充满了障碍，也是焦虑的巨大来源。如果孩子存在视觉信息过度负荷和运动加工困难，那么，这个孩子可能会坚持坐在折叠式婴儿车里，或者要求抱，而其年龄实际上已经到了你认为他应该很高兴地离开婴儿车、去探索外部世界的时候。

感觉统合疗法是一种特殊的要求熟练技能的疗法，只能由受过训练和有经验的专家来执行。但是，作为父母，它将帮助我们知道有哪些障碍物在阻止孩子用同非自闭症同伴相同的方式去体验和探索这个世界，而这通常是不够明显的。当我们常常意识到感觉加工问题时，我们就能够通过温和的、理解的方式劝诱孩子参与到体育游戏中，而不是强加给他们这种令他们从生理和情绪上都感到痛苦的感觉。同时，我们能够引入游戏活动，刺激他们大脑发展，以便更有效地加工感觉输入和前庭信息。因此，体育游戏活动对儿童的健康发展是非常关键的，这不仅仅是对身体而言，对大脑也是如此。它们也能为孩子提供安全的机会去体验到适当类型的感觉输入。

准 备 开 始

根据书中的游戏建议，可以尝试找到一个方法去告诉孩子即将发生什么事情，即可以将体育游戏作为孩子结构化游戏活动的一部分。不要强迫孩子去参与他明显不喜欢的体育活动或超过他生理能力的活动。要记住，在你与孩子玩体育游戏时，他需要认识到，你是这个活动的重要成员——也就是说，你正在对这个活动进行共同注意；这个活动需要你们一起努力才能发生。因此，如果你突然发现自己坐在孩子旁边什么也没做，而他反复地朝着墙壁不断地扔着一个球，那么，在某种程度上，这个游戏已经失去了重心！当发现这一点时，不要感到恐慌。孩子需要一些时间去自己探索活动，但在等待一段时间之后，要试着重新引导他从独自游戏转向共同游戏。

采用与这些游戏有关的韵律，能从以下几个途径帮助孩子：

- 增加他对你正在做什么的理解。
- 让他将注意力投向你的参与。
- 鼓励他并将其注意力引向活动。
- 通过相同的重复性的、熟悉的、有韵律的语句让其期待和模仿，来提高他的语言能力。
- 通过与其生理动作同步的韵律，来帮助他判断什么时候扔/抓/滚。

- 让其认识到自己的身体动作，以及他能够很好地踏准某个韵律，并协调动作，来增加他的愉悦性。
- 在任何你留给他的停顿时间里，通过形成期待来提高其试图沟通的动机，并为其创造沟通的机会。比如，一旦他对一个韵律感到熟悉，就要留出停顿时间，让其完成这个韵律，并让其期待接下来将要发生的事情（也就是说，往空中扔、跳一下，或者挠一次痒痒）。

更多有关为什么韵脚和韵律对自闭症儿童很有用的信息，可参见第7章。记住，不管在哪里，要鼓励孩子的兄弟姐妹们加入到游戏中。

对于所有体育活动，一定要保证孩子的安全——要清理房间内孩子可能绊倒的、杂乱无章的东西和障碍物。可以将坐垫分散放置，或者，可以购买一些有衬垫的垫子（特别是如果孩子在没有铺地毯的地板上玩时）。

球 类 游 戏

使用一只特大号的充气球——这类球常常能从商店里买到。

首先，通过拍球、滚球，让孩子逐渐习惯球的感觉。

☺ 让孩子站在球上，面对你，而你坐在椅子或沙发上，两膝之间夹住球（如果房间内还有一个成人，让他抓住球）。用胳膊安全地抓住孩子（有时球会从脚底下滚走），轻轻地跳上跳下。帮助孩子预测什么时候弹跳将开始，可以说"各就各位……预备……开始"。跟随孩子的反应——他也许想一直继续，或者他仅仅想跳一下或两下。如果孩子发现面对面站着很不舒服，那么，就让他背对着你站着。让孩子完成你说的"各就各位……预备……开始"的句子。尝试让他按照下面的节奏跳：

跳，彼特，一，二，三

就像一只青蛙，你能看见吗？

兔子，兔子，兔子……哇喔！

（在这个时候你将孩子举起离开球，并飞到空中。让孩子用"哇喔"完成这个韵律）

☺ 让孩子趴着躺在球上，你轻轻地摇晃这个球，这有助于她平衡，而且这常常是自闭症儿童所享受的一点点压力的感觉。记住，如果孩子反对这样做，可能不是因为他害怕掉下来（自然的假设），而是因为他的前庭加工困难导致他感到难以对离开地面的脚进行定位。如果是这种情况，不要完全放弃这个活动，而是将其留到一个月以后，再次进行尝试。如果他很享受这样做，可以试着鼓励他在球上伸展四肢，保持平衡——你仅仅是轻轻地稳住它。通过假装轻轻摆动球，说"它要掉下来了吗……？真的吗？"，从而利用这个活动中的交流机会。在让孩子回到这个活动之前，要等待孩子做出一个具有交流意义的手势，来表示想要"更多"。

小 球 游 戏

要挑选各种不一样质地的球（记住，过多明亮的彩色的球可能会分散孩子的注意力）。可以从一个中等大小、很容易抓握的软球开始。

☺ 可以尝试坐在孩子对面，将球滚给他。如果他没有准备将球滚给你，可以让另一个成人坐在他旁边或者后面，展示给他看要做什么。如果你感到孩子对跟你面对面坐着觉得很不舒服，可以尝试坐在他边上，让球从踢脚板那里弹一下，再滚向他。通过唱某些韵律的歌或者用简单的重复性语言对你正在做的事情进行解说，可以再次利用这一机会来提高他对语言的意识。可以替换孩子的名字、球的颜色等，并尝试以下的韵律：

这是一只球，软软的，圆圆的

滚，滚在地面上

滚向……凯蒂，滚给我

给凯蒂，一，二……三！

妈妈滚红色的球

从白色的墙壁弹过来

各就各位，预备，开始……进了凯蒂的手里

凯蒂滚红色的球

从白色墙壁弹过来

各就各位，预备，开始……进了妈妈的手里！

记住要给孩子留下停顿的时间，以便让其根据这个韵律填词进去。

如果孩子对这个游戏没有表现出任何兴趣，可以用玩具汽车尝试相同的活动，将汽车互相推来推去——可以替换上述韵律中的几个词。

☺ 将一个很大的盒子放在房间的中央位置。每个人一只球，轮流将球扔进盒子中。在几次训练后要发展这个游戏，可以选择较小的盒子和较小的球。过一会儿，可以尝试拿走一只球，这样孩子就不得不等着轮到他。

扔，扔，扔，一，二，三

扔进大盒子里——乔纳森和我

第一个轮到妈妈——各就各位，预备……扔

现在是乔纳森了——各就各位，预备……扔！

我们准备好了吗？让我们预备

轮流扔

第一个轮到杰克，然后是妈妈

各就各位……预备……扔！

可以替换球的大小和质地（包括会吱吱叫的软球，里面装有铃声或发出咯咯声的东西）。这个游戏也可以用软玩具来玩。

☺ 将一个硬质地的球沿着孩子的胳膊滚过去；可以将它转变为一个游戏，假装孩子是面团，你想把他揉平。

☺ 振动能像按摩一样对孩子发挥作用；可以尝试振动枕头、脚底按摩器或牙刷。

大 呼 啦 圈

一个大的塑料呼啦圈可以帮助自闭症儿童理解一些空间词语，比如"通过""里面""外面""沿着"。它也可以帮助孩子理解自己的身体是如何在一个物理的边界内适应的。可以尝试下面的做法：

☺ 轮流在地板上跳进和跳出呼啦圈。为了让孩子更容易看见呼啦圈在花纹地毯上的位置，可以将它放在一个普通的小型方毯或者垫子上。跳 60 厘米高是一个相当高的运动目标，因此，可以鼓励孩子任何形式的动作，从迈步进入到将他整个身体投进呼啦圈都可以。

妈妈跳，现在我……进去了

站在呼啦圈里面了

詹姆士跳，现在他……进去了

站在呼啦圈里面了

妈妈跳，现在我……出去了

站在呼啦圈外面了

詹姆士跳，现在他……出去了

站在呼啦圈外面了

一起跳,现在我们都……进去了

都在呼啦圈里面了

一起跳,现在我们都……出去了

都在呼啦圈外面了

不要忘记,要重视这句话"我在里面",同时要注意停顿,让孩子用词"里面"和"外面"完成句子。

或者可以如下:

跳进来,拍拍手,一,二,三

跳出去,拍拍手,一,二,三

沿着呼啦圈走

跟着我!

以后你可以增加一些变化,如"单脚跳进来,拍拍手,一,二,三""跨进来……",等等。

室 内 球 池

自闭症儿童可能对室内某些柔软的游戏场所备感压力。不可预测的、很高的噪声水平以及不熟悉的环境,都意味着你已经决定了这些是孩子不喜欢这类游戏的原因,但是实际上,可能有多种其他原因让他离开。有不少方法可用来在家里创造一个迷你的游戏活动区域,孩子可以很好地得益于这类活动,从而促进其协调和平衡能力的提高。你也许会发现他喜欢那些未逼迫其语言或者想象的活动。如果是这样,可以尝试提前制订外出的计划,在特别安静的时间里去一些游戏区域进行活动(提前打电话)。

☺ 尝试用塑料小球（一包 100/200 个，可以从很多玩具店买到）填满一个小的嬉水池或者浅浅的盒子。让孩子在球池里按照他自己的速度进行探索——这样开始时不平的表面不会让他感到紧张。如果他非常没有把握，可以让泰迪熊先开始——让它潜入球池里，将它埋起来，再让它跳出来——这从孩子的角度来说是一个很好的游戏！将包装好的饼干/糖果/最喜欢的物体埋起来也许是很有价值的，可以用来将孩子哄骗进去。另外，你也可以进去，让孩子坐在你的腿上。如果他仍旧感到毫无把握，那么可以看看书或者听听音乐。

一旦孩子在球池里，可以尝试一些活动来鼓励他听从你的指令，要尽可能地与他互动（他一直在习惯球的感觉）：

☺ 将一只水桶沉入球池中央（水桶的边超出球池的表面），轮流将球扔进桶里。你也许想尝试教他颜色，可以一次选择一种颜色。

你可以使用这个韵律：

红，红，红——这是一只红色的球（举起球）

扔，扔，扔，一，二……三

红色的球在水桶里，红色的球在我手里

第一个轮到……（指指你的孩子）史蒂芬，然后是我！

☺ 缓慢地尝试用球将孩子埋起来，当你将球放在他身上的时候，数出球的数量。提示他等待，直到你说"各就各位……预备……开始"，他就从球中跳出来，吓你一跳。这需要他全神贯注，努力去等待你的指令，开始时可以只尝试几只球，然后慢慢地延长他等待的时间。

☺ 可以对球的感觉进行实验。尝试脱掉袜子，或者给大一点的孩小戴上手套，然后让他捡起一只球。这将帮助他区分不同表面的感觉以及他的身体如何与它们发生联系。就这个相同的主题,你可以尝试用不同质地的球来代替;用塑料片、压皱纸(旧的壁纸比新印刷的更加干净)填满池子(先将一块被单垫在下面,以帮助整理),或者将一大块毛织物铺在池子里面。开始时可先尝试穿着袜子,然后不穿袜子,比较一下感觉上的不同。

大 盒 子

所有儿童都喜欢在大的空的硬纸板盒子中玩耍,当然也包括自闭症儿童。他们也许需要帮助想象,相同的盒子可以成为任何一样东西,从一辆火车到一套房子、一艘船,但是这种感觉和新奇仍旧能够吸引人。在你开始剪窗户和门、画上轮子之前,让孩子仅仅就把这当成盒子玩。可以探索盒子的大小限制,观察他在盒子里面时是否感到害怕,要努力向孩子表现这是一个有趣的活动。

☺ 尝试移去硬纸板箱的上面和下面,这样你就有了一个硬纸板的通道让他爬行。在这个盒子旁边再加上一个盒子,让他爬进去。可以将靠垫和喜欢的物品装进这个盒子。各种形状和大小的盒子都能很好地用于"躲猫猫"游戏。

制作一个触觉盒子

☺ 将盒子放在地上,在敞开的那一侧贴上长条的缎带,这样孩子可以穿过缎带爬进盒子。你可以将一段"魔术贴"带子放在盒子的顶部,将缎带贴在另一段"魔术贴"那里。然后你可以用不同的物品进行制作,且长度可有所不同。

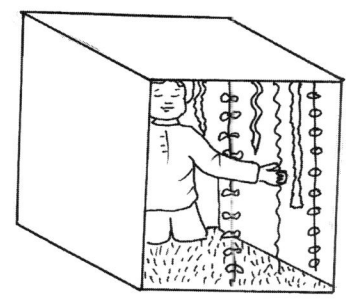

你可以尝试以下物品：

○ 旧 CD，当它们旋转时会发光。

○ 有孔小珠。

○ 铃铛。

○ 贝壳。

彻底检查房子中的各种零零碎碎，看看有什么东西最吸引孩子。

出于安全考虑，在给很年幼的儿童或有可能将物品放进嘴巴的儿童做这些时，要小心物品的大小。

☺ 可以尝试用不同的织物给盒子的四个侧面装上衬里，例如，毛毡、皮毛、丝绸、粗麻布。

想象性地使用盒子

☺ 当孩子很高兴待在盒子里、绕着盒子行动时，你就可以进行想象性游戏了。为了帮助孩子想象，可以找一张图片，说明盒子将变成什么样子的（房子、船、火车，等等），可以这样说，比如，一艘船可以说"就像书中的那艘船"，来支持他想象。每一个活动采取相同的对话，例如：

"托马斯在船上。现在过来一个很大的浪——将船吹得晃来晃去。"

"杰克在火车上。突突突，突突突，火车停在火车站了……"，等等。

同样，我们可以将盒子当作孩子能联系起来的那些物体——汽车、公共汽车、商店、飞机等。

对于所有你玩的这些游戏，都要确认孩子理解这个盒子正在表征的那些概念，假装盒子是一架飞机时，只有在他熟悉这个单词以及这是什么时才是有用的。

人物玩偶盒子

☺ "躲猫猫"之类的游戏可以很好地鼓励自闭症儿童共同参与。轮流藏在盒子里，再跳出来。

可以尝试下面的韵律：
（当轮到孩子的时候，用他的名字代替"妈妈"。）
妈妈在哪里，她会在哪里？
她藏起来了，她在哪里？
你在等我吗？安静
各就各位，预备，一，二……三！

这个大大的、黑黑的盒子，很安静，没有声音
你猜里面有什么呢？
有一只熊、一只狗，还是一只小兔子？
什么也没有……妈妈在这里！

木 偶 剧 场

"木偶剧场"这个名字是用来指一个简单的盒子做的屏幕，它用来隐藏你使用手指木偶。开始时可以只有一个角色（一个熟悉的动物），或者把一个简单的形状贴在贴纸上。可以争取另一个成人的帮助，对孩子能够看得见的事情进行提问（必要的时候提供答案），以吸引孩子注意到正在进行的事情。可以尝试扮演孩子最近已经做过的事情。最好让兄弟姐妹们都参与到这一活动中，一起做一个木偶剧给你看。

蹦 床

许多父母报告，蹦床是一类很重要的装备，有助于延长家具的寿命！它能给儿童提供一些似乎令他们非常着迷的感觉刺激，也能够作为一种鼓励互动的游戏设备。许多大龄的儿童可以进一步在花园开展大型的户外蹦床游戏，但是对于6岁左右的儿童而言，有可抓握的横杠的小蹦床是很好的。更多如何在蹦床上鼓励互动的想法可参见第10章。

室内滑板和平衡木

在我们家，最有用的室内体育游戏装备之一是一块大约1.5米长、宽足以让人在上面轻松走的木板。我将它所有的边磨平，画上我儿子最喜欢的小熊维尼人物。在反面，我画上"脚印"，好让他放脚。你可以做得非常简单，比如在上面画上圆圈或者椭圆形，这要看你有多少时间。

你还可以尝试以下做法，但记住，要常常监督你的孩子，即使他能够完全胜任在平衡木上玩耍。

☺ 首先引入平衡木，将它平放在地面上，沿着其长的一边玩"模仿领头人"的游戏。将孩子喜欢的东西放在末端，让他去拿。

接着，将平衡木垫得离地面 10 厘米高——可以用木制的大积木或者小积木。

一旦孩子对平衡木感到很自信，可以将平衡木的一边靠着沙发，做一个滑板——孩子可以玩爬上去、滑下来这样的游戏。

☺ 如果孩子真正享受这类活动，你可以做一些指导，试着为他设计一条"线路"，例如，"穿过平衡木，跳进大呼啦圈，将它举到你头上，在蹦床上跳 10 下，再跳到坐垫上！"

记住，要根据每一样东西引入一个单元，否则一系列的挑战会让孩子感到完全难以对付。

坐　　垫

地板上的坐垫以及柔软的豆袋都是很好的用具，可以避免孩子们被家具弄伤！它们也可以用作室内体育游戏的一部分。可尝试以下做法：

☺ 用一些双面胶带或者不透光胶带，将一张大的简单的图片（从杂志上剪下来的或者画一张很简单的简笔画）贴到 3～4 个坐垫上面。将坐垫放到房间的其他角落，玩"各就各位……预备……开始"的游戏，让孩子根据你的要求去拿回那个坐垫（根据图片）。一旦他很容易地做到这个，再增加一些变化，让他拿"我能够吃的东西"（如图片上有苹果的坐垫），或者"毛茸茸的东西"（有猫的图片的坐垫）。如果他不想拿坐垫，就让他在恰当的坐垫上跳一跳，甚至可以让他用牙齿咬住它带回来（特别是如果孩子渴望通过咬来获得口腔刺激的话！）除了图片，你还可以尝试字母、数字以及单词。对于正在发展识字技能的儿童，可以尝试在每个坐垫上贴不同的单词，可以用三个单词组成句子。

☺ 坐垫也能够用于跳板以及易于抓握的投掷游戏。

☺ 一些自闭症儿童仅仅喜欢别人将坐垫扔给他们（轻轻地），或者你轻轻地按压，做一个"坐垫三明治"。同样，你也可以提供很多停顿时间让其形成期待，为孩子创造交流的机会。

☺ 玩"独轮手推车"也是一个很不错的方式，通过提供儿童渴望的共同挤压感，来帮助"兴奋的"儿童感到更多地接近地面。大一点的儿童可以推真的独轮手推车，上面装满重物。

☺ 另一个"重"的活动是为了让很兴奋的儿童接受初步训练而设计的：背一个装了书或者土豆的背包，用木制榔头敲碎包里的冰块，玩拔河游戏，拿出洗衣机中的衣物，在沙坑里做沙堡。

九 柱 游 戏

☺ 一套九柱游戏（柱子大小很容易竖立）很适合用于轮流以及"各就各位……预备……开始"这一类的游戏。也可以尝试唱唱"10只绿瓶子"这首歌——四根或者五根柱子排成一排，然后唱：

四根快乐的小柱子，站成一排

四根快乐的小柱子，站成一排

一根快乐的小柱子决定要走了〔从视野里移掉一根小柱子，就像它跑掉了一样！〕

现在只剩三根快乐的小柱子，站成一排

☺ 不要忘记九柱游戏也可以用于其他数字游戏——将数字1—3（用于游戏开始）写在独立的大张纸上，鼓励孩子将正确数字的小柱子放在每一张纸上。当他完成这个任务时，作为奖励，他可以将它们都推倒。

其他有用的体育游戏玩具

☺ 充气城堡——非常适合在家/花园中使用，对于能量充足的儿童来说，这也是很令人满意的活动。

☺ 儿童用塑料高尔夫玩具——在某种情况下，高尔夫并不是一个团队游戏，它可以是让自闭症儿童发展兴趣、有时可以做得很出色的一项运动。对于非常年幼的儿童来说，一套简单的高尔夫玩具很容易让他们使用和理解。可以尝试设计一个鲜明的目标而不是无目标地击球——在一个大的硬纸板箱的一侧切割出一个拱形的洞。

☺ 小呼啦圈或者飞盘（空心圆盘形状）很适用于投环套物游戏（使用装满了沙/水的汽水瓶）。

☺ 豆袋/青蛙——这可用于轮流游戏，将它们扔进容器中，或者用于帮助孩子提高倾听和语言理解技能，可以按如下方式进行：

在孩子面前放一只水桶和一只盒子，给他一个豆袋。让他"将豆袋扔进盒子"。他要认真倾听并记住他要将哪个容器作为目标。开始时仅是两个容器（水桶和盒子）以及一个豆袋。当他一致地达到这个目标后，可以有更多的豆袋，并引入第三个容器（一只罐子）。当孩子在这个任务上表现得越来越好的时候，他可以开始听从这样的指令，"将黄色的豆袋扔进大盒子"（盒子有小、中和大之分）。向你的言语和语言治疗师请教更多可以增加孩子接受性语言技能的活动。

☺ 气球——用家里自制的硬纸板拍子（或者做成各种形状的：手型、脚型，等等）一个个拍它们。画一张或者贴一张孩子也许会对这个表面感兴趣的图画（这需要的仅仅是一些非常简单的物品，如一张冰激凌图片，或者可以是有特殊兴趣的事物如一辆起重机。你也可以尝试用宠物、汽车或者房子的照片）。可以找一找直升飞机类型的气球，这种气球会在房子周围发出螺旋桨的飕飕声——一个很好地捕捉注意力的物体！将它们吹上去，停一停，等孩子告诉你他想让它们飞。

☺ 新式钢琴——这种玩具基础的款式是有一个脚垫，当你将脚放在垫子表面的脚印上时，它会用声音进行反应，它也有键盘的形式或者有形状和颜色，都可用声音进行反应。尝试让孩子站在你的脚上，抱住你的双腿，然后你和孩子一起走。

你可以让孩子站在某个特定的颜色上，看看他是否让你做相同的事情，或者举起一个彩色的脚形状的图案，说，"山姆，跳到和这个相同的形状上"。由这类玩具发出的声音能够向孩子提供特殊的奖励，提高他的动机，允许你指导他活动。

☺ 帐篷、隧道和立方体——这种弹出式游戏帐篷很容易买到以及储藏，很适合用于"现在你看到我——现在你不"之类的游戏。第10章有许多如何使用它们的想法。

☺ 坐和旋转游戏能够让孩子用一个安全的坐式玩具寻求旋转的动作（前庭刺激）。如果你有规律地停下、开始旋转，孩子将更多地受益于这一种感觉刺激。

☺ 对于寻求大量重复性动作的兴奋型儿童，可以看看下面小型的室内练习装备（感觉型玩具，有小型号的跑步机、空中步行器以及室内健身自行车）。

我希望本章可以给你提供很多想法，不仅是关于吸引你的孩子的玩具类型，还有关于你如何积极地采取某种游戏形式使用它们，以鼓励他们的互动和共同注意，还可以帮助他们进行感觉统合训练。体育游戏可以减轻某种加诸于自闭症儿童身上的压力，让孩子（以及你！）更少地感觉到压抑。

·10·

户外游戏

问题和解决方案

对于自闭症儿童来说，在外面玩耍可能增加他们"切断"与人互动的行为。户外游戏常常较少结构化，提供了更多的选择，也会让他们出现更多的注意力分散。除此之外，还有无法预期的噪声、气味、明亮的太阳光以及大量的视觉输入。一些物体无法预期地运动着——飞翔的小鸟，昆虫，甚至是在风中摇摆着的树木。

所有这些额外的感觉输入都会导致儿童被这些过多的加工信息所淹没，难以将注意力从一个事物转移到下一个事物（由于他仅仅是不能够将其注意力从明亮的天空转移到倾听你的声音，他就可能表现得跟聋人一样）。另外，他会对某些特定的事物感到焦虑，比如蜜蜂或者隔壁割草机发出的声音。所有这些都可能导致孩子大发脾气、烦躁或者出现退缩性的重复/刻板性活动，甚至在你要开始游戏之前。

在将孩子带到户外之前，你自己先在户外待一分钟，检查一下下述内容：

- 如果外面的天气非常炎热、明亮，记得要带上遮阳伞、孩子戴的帽子或者太阳镜（在你们出去之前将这些东西都戴上）。如果必要的话，在出门之前再涂一些防晒霜。
- 如果花园中的一些设备发出很响亮的声音，你们可以在它结束工作后再出去。或者，让孩子戴上耳机或者耳塞，以防止无法预期的响亮的噪声（直升飞机、割草机，等等）。
- 如果你的孩子对气味很敏感，检查隔壁有没有烧烤或者很刺鼻的"乡村"的味道。
- 如果你的孩子不喜欢昆虫，那么你和孩子不要穿黄颜色的衣服，这种颜色会吸引飞虫。

安　全

- 对于笨拙、不协调的儿童来说，即便是在炎热的天气，也要保持腿、膝盖都要被盖住（穿轻薄的棉布裤子），要有用于处理碰撞的红色毛巾或绒布（红色可以掩盖出血点，预防更多的痛苦）以及一个急救包。
- 对于讨厌膏药的儿童来说，长条的干净的棉织物可用做绑带（即使是很小的擦伤），也可以遮盖青肿部位，让他们减轻痛苦。
- 消除那些明显的危险事物，比如会被它们绊倒的大石头以及瓶瓶罐罐。
- 让每一个步骤更加具有可视性，可以尝试用彩色粉笔对每一步做记号。
- 对于很年幼的儿童、坚持吃石头/泥土等东西的儿童来说，由于花园里到处都是这些危险事物，所以可以用游戏围栏隔出一块草坪区域进行户外活动。

户外游戏的益处

除了上述列出来的困难之外，如果你和孩子能够找到一条玩户外游戏的路，那么，它的益处是很多的。除了对所有儿童来说户外游戏都能获得与健康有关的益处之外，对自闭症儿童来说，其益处还有：

- 提供与兄弟姐妹、朋友们一起玩体育游戏的机会，比起想象性游戏或规则性游戏，如纸牌和棋类游戏，这类游戏更加容易理解和参与。
- 为儿童提供消耗多余能量的空间，晚上有一个更好的睡眠。
- 提供了一个环境，让孩子可以从事杂乱的艺术活动和水面游戏。

- 是一个很好的实践场所，让孩子能够在安全和可控制的环境中应对许多感觉输入"加工"。
- 是一个很好的练习体育技能的环境，比如，练习在不同的平面上平衡和协调动作。

对于孩子的父母来说，户外游戏为他们提供了一个机会，可以观察孩子对环境中的刺激进行反应的方式，并可对这一反应方式进行反馈，而孩子所处的这一环境根据气候、光照以及季节一直在发生变化。他也许会注意到以前你从未见过的事物，或者享受那些你从未享受到的声音和感觉。要给他一些"自由的时间"，此时他可以做想做的一些事情。要跟随他并对他的动作进行模仿，拖着树枝经过砾石路，让水滴从叶片上掉落下来，眯着眼看着阳光从格子中洒下来——要体验他对户外的解释，并把你的想法展示给他看，参与并对其进行反馈。要弄清楚他认为有吸引力的那些事情，并将之纳入到游戏中。

对结构的需要

通过本书中所有的游戏活动，你会发现与孩子进行沟通的方法（用图片提示）——首先，他要到户外去，其次，他将要玩什么特殊的活动。不要忘记，将孩子玩这个特殊游戏的场景拍下来，将来这些照片都可用于图片提示。如果你的花园太小，或者不适合开展一些活动，可以尝试去朋友或者亲戚家的花园，或者早一点去公园。

一些儿童需要奖励物/强化物来促使他们参加某个特定的活动。首先，可以尝试一些儿童自然参与的活动，比如蹦床，然后，将之作为儿童参与更具挑战性活动的奖励物。不要忘记告诉孩子（用图片提示），这个他所喜欢的活动将跟随在那个不具有吸引力的活动之后。

准备开始：游戏和活动

除了下述的一些想法，不要忘记第 9 章和第 11 章的内容，以获得更多有关能在户外进行的体育活动的想法。

路面粉笔涂鸦

☺ 在地板上画一个圆圈，练习轮流跳进这个圆圈——可以尝试第 9 章中用于"跳进和跳出呼啦圈"所使用的韵律。

☺ 路面粉笔涂鸦为练习早期识字技能提供了很多机会；可以尝试这样的任务，比如，用一条直线连接两个点（从左到右），或者用波浪线或曲线连接两个点，等等。

☺ 用粉笔在地面上画出不同的形状，鼓励孩子在说出"各就各位……预备……开始"之后跳进所要求的形状中。可以从一个形状开始，然后增加一个新的形状，一次增加一个。活动中可以变化这些内容，比如，要求孩子"将豆袋放在正方形/圆圈里"，等等。为了加入更多的接受性语言技能，接下来可以呈现一个选择，例如，豆袋、泰迪熊、小积木，可以用粉笔画出更多不同大小和颜色的形状，然后你可以让孩子"将泰迪熊放在小圆圈里"或者"将豆袋放在黄色的三角形里"。可以继续使用"各就各位……预备……开始"这个游戏，必要时使用奖励物（言语或者其他奖励物）。记住，一些自闭症儿童真的不喜欢过度热情的高频率声音。可以尝试使用吹泡泡、挠痒痒等——更多有关正强化的想法，可参见第 2 章和第 3 章。

☺ 除了粉笔画，你也可以在地面上用一个有洞的塑料瓶装沙子画画，或者用喷射型的塑料瓶装水来画。

朝着目标投球

☺ 在大的塑料碗、水桶或者储藏盒子里装满水（加入各种颜色的食用色素），轮流将球投进去。可以尝试下面的韵律：

萨莉能够看见那边盒子里的水吗？

水在哪里，萨莉？萨莉指指那里。

萨莉抓住球，萨莉现在投球

噼噼啪啪，哗哗啦啦——看，萨莉。喔！

☺ 轮到你的时候，就只要修改下第三行的单词，变成"妈妈抓住球，妈妈现在投球"。更多的韵律可参见第9章（"体育游戏和活动"）。

☺ 除了将球投入水中之外，可以尝试将球投向一个铃铛，或者将球投进篮球网（将这个装在孩子够得到的位置）。

沙 游

如果你的花园太小不适合沙池，或者池子对孩子太有压力，那么可以尝试用沙子装满一个塑料的储藏箱。（记住要在沙池/盒子里使用游戏用的沙，而不是普通建筑用的沙）。湿润的沙也许会让孩子感到相当不舒服，因此要首先让沙子干燥，为他准备一块毛巾，让他擦手。为孩子提供一个或两个容器、一把小铁铲和一个漏斗。他也许喜欢看沙子从漏斗中滑落、进入空的塑料瓶子中，或者可以尝试玩沙具，让沙驱动轮子转。每一次为一个活动提供的东西要充足，并将它们放在孩子身边。孩子也许会着迷地看着沙从他的指尖滑落。要给他一些时间去做这些事情，然后轻轻地将他拉回到共同的游戏中。

☺ 造一系列沙堡。然后，从1数到3，数到3之后，让他一次性跳过它们。

☺ 为孩子提供一把扫帚柄（末端磨得很光滑），让他在沙地里画形状。你可以将少量的沙放到大片木板上或者石板上，制作一个较大的平面区域。可尝试对孩子正在做的事情进行说唱，例如（亚历克斯随意地画了一个形状，它看起来像一个字母），"亚历克斯要画什么？C，C，C，C。亚历克斯画了一个字母C——C是Car(小汽车)和Cat(猫)的C，亚历克斯画了一个字母C。"要试着让孩子意识到，他正在做什么会对你说什么产生影响。要让说唱词很简单，声音也不要说得太大，开始时仅仅是对孩子的自然动作进行解释，不要有任何指导。

☺ 如果孩子喜欢看道路工程、吊车、挖掘机，等等，沙池/沙盒就是一个很好的方式，可以玩与它们有实际联系的游戏。另外，为了有更多的真实性，你可以在一个盒子里装满干净的、干燥的盆栽用土，比起硬的沙砾，它也许有更吸引孩子的质地。

杂乱的艺术

户外是个特别好的地方，可以进行大规模的活动——例如，对有精细动作技能迟滞的儿童来说，比起让他们尝试用油漆刷在小块的画布上作画，在画大的形状时他们会更少体验到挫折感。户外也是一个很不错的地方，可以用来实验各种颜色和质地的材料，而不需要担心把家里弄得乱七八糟。所有儿童都特别擅长将事情弄得一团糟，因此可以将颜料带到户外，他们真的很享受这个活动！

查看第13章中有关能在户外进行的艺术活动的内容。另外，可以尝试以下做法：

☺ 将一大卷衬纸（或者墙纸）贴在一面墙上，用装修工人的油漆刷子让孩子涂大的形状、长长的波浪线或其他自由标记。你可以尝试在纸的相反方向画一个简单的形状，如十字，看看他是否模仿你。

☺ 你也可以让他将一个玩具浸在颜料里（水性海报漆，很容易清洗！），让它沿着纸跑。你可以在纸的这边尝试做这件事情（用第二辆小汽车）。另外，可以让小汽车开得快、开得慢，直走和波浪线走（发出恰当的声音以表示你正在做什么）。看看孩子是否用他的小汽车模仿你正在做的事情。

☺ 对于使用刷子有困难的孩子来说，油漆匠的小滚筒刷也是一种能让他们将颜料涂到纸上的令人非常满意的方法。

☺ 实验各种将颜料涂到纸上的不同方法——将海绵浸在一盘油漆中；用手指或者刷子轻弹颜料；在非常炎热的日子里，先开始画画，然后再在嬉水池里游戏玩耍，这样可以使清洗更方便。

☺ 当你在海边的时候，不要忘记收集一些卵石和贝壳，以备后用。在一块板上或者一个塑料盘上铺上厚厚一层风干的黏土（先在上面涂抹一层薄薄的凡士林，以帮助它在干燥时分离）。在一个单独的盘子里，有你从海滩上收集的宝贝，也许还混合了其他的东西，比如，玻璃块、几根小树枝、线，等等。轮流将这些东西压入黏土中，然后将黏土放到太阳下晒干（对于自闭症儿童来说，轮流是有问题的，但却是值得追求的一项重要技能）。当这个变干燥的时候，如果感到什么东西有松动，那么将它们拿出来，用少许聚乙烯醇树脂或其他黏合剂将其粘回到它们留下的那个印记里。将这块匾展示在孩子能够看得到的地方，也许旁边还可以布置一些他的海滩照片。利用实物如贝壳、照片等，谈一谈过去的经验，可以帮助孩子回忆一些特殊的经历，解释它们的意义（而不仅仅是回忆一些感觉经验和消极情绪）。它也能帮助孩子理解适合于海边那一天的语句含义。这个活动也能够用于某一天树林散步后（收集树叶、卵石、小树枝、种子壳、橡子，等等）。

☺ 在地上将一长条衬纸铺开，每一边用大石头压住。将一只中等大小的橡皮球放入一碗广告漆中，轮流在纸上从一边滚到另一边，做出彩色的线条。如果孩子很享受这一活动，但是不喜欢碰颜料覆盖的球的感觉，可以给他戴上连指手套或者塑料手套（滚球的同时戴着手套本身就是一种很好的感觉练习）。

宠物商店是不错的资源，可以买到此项活动所需的橡皮球；许多商店会卖各种表面纹理不同的东西，有的还装了一只铃铛，这可以帮助抓住儿童的注意力。

可以尝试下面的韵律：

球在颜料里，球在纸上，滚，滚，滚向你

停，停，红色的小球停下来，你也能做么？

球在颜料里，球在纸上，滚，滚，滚向我

我们做了什么呢？……一条弯弯曲曲的红线

看，汤姆——你能看到吗？

☺ "淘气的丝线"（可在绝大多数超市和商店买到喷雾器）在户外是非常好玩的一样东西，它没有任何限制，可以弄得非常凌乱，也因此可以获得相当多的乐趣！你自己拿一罐，模仿孩子喷雾。你们互相喷或者在篱笆和草坪上喷出一大幅图画。

平衡和协调游戏

跳板

跳板可以是任何事物，从造房子的砖头、小方地毯，到一块木头或者在天井里用粉笔画的圆圈。要根据孩子的能力判断跳板之间需要离多远、多高。为了将地面和跳板区分开，可以将跳板涂上或者画上明亮的颜色。通常，要清除那些分散孩子注意力的东西，这样，孩子就能专注于跳板本身。

☺ 为了增加其他兴趣和学习潜力，可以在每一块踏板上贴一张图，让孩子踏在图上，如房子、花、猫，等等。也可以尝试数字、字母和单词的踏板游戏。

☺ 可以尝试用不同质地的东西——毛织物、银箔、砂纸、柔软织物，等等，盖住半打软木砖。当孩子踏上去（用光脚）的时候，开始进行描述——毛茸茸的、光滑的、粗糙的、高高低低的，等等。保持所用词语的一致性。然后你可以玩"各就各位……预备……开始"的游戏。

☺ 使用上述的软木砖，制作成理想的一套玩具，用来玩配对游戏，例如，孩子站在软软的正方形那里，你说"跳到你感觉相同的物体上"或者"跳到你感觉不同的物体上"。要根据孩子的语言水平调整你的语言，也就是说，你也许只是说"相同"或者"不同"。

平　衡　木

☺　平衡木并不一定非要离开地面——开始的时候，可以尝试用一条长缎带、织物、晾衣绳——任何连成一条线的事物将两块踏板连接起来，这样他能在两点之间移动。然后，你可以在两块砖块上搁一块木头，让孩子沿着木头走，越过它或在它下面爬过去。可尝试下面的韵律：

跟着我，跟着我，妈妈去哪里啦？
在这里，在那里，来来回回走。
摇摇摆摆，摇摇摆摆……一点，一点也没有关系！

不要忘记，要假装在摇晃！轮到孩子的时候，可以仅仅用他的名字替换"妈妈"。

户外成人角色扮演

一旦自闭症儿童学会了模仿动作，他们常常能够模仿成人动作的很多细节。模仿每日的实际活动是具有真实意义的事情，而且不会模棱两可，不要求激发想象力，也会非常有趣，其本身就是一件具有奖励性的事情。在我儿子这里，他的许多自发性游戏内容包括了玩具版的成人装备——割草机、相机、拖把/水桶，等等。需要道具是此类游戏的一部分，他要努力地学习即时使用这些具有想象力的道具。即使是现在，如果他假装往茶杯里倒茶也必须要有真实的水。假装在倒水这件事情并没有好玩到足以让他去做。玩户外游戏却提供了许多空间，让他们能够参加这些真实的活动，例如：

☺ 将泥土和种植球茎种入花盆里。

☺ 给植物浇水。

☺ 擦桌子/椅子。

☺ 洗车/自行车。

☺ 擦玻璃窗。

☺ 打扫卫生。

为孩子提供必要的装备，要认识到，他想要的是你所用的每一样东西的他自己的版本。因此，如果你将洗涤剂放进水里，也要为他提供他自己的瓶子（出于经济的考虑，可使用快空了的瓶子，装满水）。不要忘记，在你做的同时，要对你正在做的事情进行简单的说唱。你可以根据第7章所描述的尝试进行说唱。

野　　餐

☺ 对所有儿童来说，在户外就餐是一个非常有趣和令人兴奋的活动。但是，对自闭症儿童来说，要做一些特殊的准备才能让他们享受到户外野餐的乐趣。即使仅仅是坐在花园里的垫子上吃饼干，在踏上野餐路途之前，都要尝试对户外野餐这个活动用"野餐"这个词语进行命名。非自闭症儿童在实际参加之前就常常已经理解这个"野餐"的含义，但自闭症儿童常常需要在经历这件事情之后才能理解。除了给它一个言语的命名之外，还需要使用一张图片卡去表征"野餐"。你也许需要制作两张——一张给泰迪熊/娃娃的野餐，而另一张则是汤姆的野餐（可使用孩子的名字）。

☺ 开始的时候，可以引入一个在花园里野餐的假装游戏（首先告诉孩子你将玩一个"泰迪熊的野餐"的游戏）。可以一起收集一些简单的物品：一张小毛毯、两只小熊、盘子、杯子、用来放蛋糕的纸盘和一个茶壶。虽然我常常强调真实性的重要，但还是要反对从一开始就使用真实的食物，因为它太容易分散儿童的注意力了。孩子也许会去准备蛋糕，让你一个人玩野餐游戏！开始的时候只需要花 5 分钟，在这个时间里你要鼓励孩子模仿喂小熊、发出恰当的声音，等等。可以使用一个简单的脚本，这个脚本可以让你们在每次玩游戏时反复使用，例如：

"今天，小熊毛茸茸和小熊黑黑去野餐。毛茸茸想要一块饼干。乔舒亚能给他一块饼干吗？现在，黑黑想要一杯茶？多么棒的野餐！是不是啊，小熊们？"

一旦孩子参加这个游戏，你也许想给孩子和你引入一个盘子和一块饼干，但是要确保小熊也在被喂吃它们的假装食物！

☺ 你可以从这里开始进入一个真正的野餐。（如果户外的感觉负荷过重，可以尝试首先在起居室进行一次野餐。）你也许感觉到，一次"野餐"仅仅是吃一顿饭的另一个名称而已。但是，偶尔用这种方式吃饭所具有的新颖性将帮助你的孩子：

- 发现这是一个很令其愉悦的活动，最终也许包含离开房子以及与其他人在一起。
- 体验一个活动，他能够将这个活动与故事联系起来，以后可以在学校与别人讨论。
- 体验有玩具的假装游戏，这个游戏有一个相当具有吸引力和激励性的物品（食物）。
- 参与一个情境，在该情境中，互动的可能性因参与一个新颖的令人愉悦的活动而被提高。
- 享受兄弟姐妹们也能参加的活动。

要意识到孩子的个别化需要。不要将一堆新食物放在他面前，期望着情境不同他就会有不同的吃法——他也许不需要这些食物，并因此感到很烦恼。不要用语言让他感到过度负荷，要保持句子短小，不要问他过多的问题，你可以用自我回答来结束问题。在说一句话时，要稍后再次重复这句话。如果孩子有一定的语言能力，你也许想测试他是否理解了，那么你可以这样问，"这是一只大的蓝番茄吗？"

记住，如果你要尝试一次离开家的野餐，你可能会遇到这个问题，即你们是否来一次熟悉的远足。在常规路线上——也许你会去喂鸭子或荡秋千——孩子也许会发现，离开他通常的活动是很困难的。对于这一情况，要找到新的地点，让他能够将其与野餐建立联系，然后再就形成灵活性进行训练。

大型户外游戏装备

在安静的时间段去公园玩，以避开尽可能多的压力，这是一种常识。在忙碌的日子里，你可能会得出这样的结论，你孩子不喜欢这类活动的真正原因在于周围噪声太大以及来自其他儿童的活动。可以拍一些照片用作图片提示，也可以在以后用作谈话的素材；还要带一些东西来擦拭滑板和秋千，以防它们是湿的。如果你的孩子容易跌倒，那么要用一些胶布或者绷带来保护他的胳膊和腿。

秋千

要意识到孩子的平衡和协调能力在哪里。年幼的弟弟可以使用秋千，并不意味着你年长的自闭症孩子不再需要吊斗式座位。就像跳蹦蹦床一样，荡秋千能够提供一个具有高度愉悦感的动作，也能作为一种增加互动的方法。同样地，对另一些儿童来说，此类动作会令他们感到苦恼和不舒服——要根据孩子自身的情况来定。

☺ 如果你的孩子表现出喜欢秋千，那你就有一个很好的方法来帮助你获得他的注意。首先，如果你站在他面前，他将会发现很难避开眼神接触，而荡秋千为你提供了一个自然的韵律，可以作为你们互动的一部分。这是一个很好的可以使用韵律的活动（但是，对这一韵律来说，只有当孩子在吊斗里且一只手是空的时候）。

荡秋千，荡秋千，雅各布在空中

荡秋千，荡秋千，雅各布飞得很高

用你荡得高高的膝盖碰碰妈妈的手

用你荡得高高的脚趾碰碰妈妈的手

用你荡得高高的手拍拍妈妈的手

轻拍你的头，碰碰你的鼻子

或者

凯蒂的秋千荡得高高的，荡得高高的，荡得高高的

凯蒂的秋千荡得高高的，在秋千上荡

凯蒂去碰天空，碰天空，碰天空

凯蒂去碰天空，在秋千上荡

如果你家里有一个秋千，你孩子已经长到从斗式座椅中出来了，而普通座位又过于不平稳，那么，你可以首先去商店里看看——吊斗式座位大小的规格有很多种。如果所有其他的都不行，可以让当地的工匠为你装一个——用板条做成简单的正方形形状。同时要确认当前的绳索足够牢靠，可以支撑孩子的体重。

滑滑梯

自闭症儿童可以很容易地控制滑滑梯，滑滑梯能够为自闭症儿童提供愉悦的感受。

☺ "各就各位，预备……开始"游戏可以自然地运用在滑滑梯上。也可以尝试鼓励孩子恰当地重复"往上"和"往下"。

☺ 对于能力更强的儿童，你可以尝试一些真正具有挑战性的活动。可以随身带一些图片卡，当孩子站在滑滑梯最顶端的时候，在滑下来之前请他告诉你这张图片是什么。我的孩子发现这个游戏非常让他开心——不得不等待所引起的紧张以及获得某些权利所带来的快乐将在这一情境中被加强。

☺ 在所有这些活动进行期间，都要鼓励孩子要求"更多"或者"再来"，而不是抓住他的手将他拉回到活动中。要问他，"还要再玩吗？"要给孩子充足的时间来反应，要用表扬和奖励来接受孩子做出的努力。对于无言语的孩子，要为他创造沟通的机会，通过提供长时间的停顿，让其用有意识的声音或手势进行反馈，表明他想要再来一次。

三轮车、自行车和"坐骑"

年幼自闭症儿童常常被这类玩具所吸引，但是常常没有足够的平衡或协调能力来控制这些玩具。不要去处理他因此出现的坏脾气，而是简单地将蹦床移出他的视线之外，然后在6个月后再次尝试。如果你的孩子已经到了蹒跚学步的时候，他的平衡能力已经发展到足以控制它们，那么就可以让他尝试大型的三轮车或是装了辅助轮的普通自行车。

蹦床

对于真正喜欢蹦床活动、年纪大一些的儿童来说，可以在花园里放一些户外用的蹦床（如果花园足够大）。年纪小一些的会喜欢手提式蹦床（用一个把手），这种蹦床可以广泛地适用于6岁儿童。记住，因为蹦床可能会不平稳，因此要保证这些玩具在户外时是安全的。出于安全的选择，可以将一个小型的练习蹦床埋入地面。挖一个洞，大到足以将蹦床放入地面。你可能想围着洞口安装一些木板，以保证安全。对可能掉下去或者年纪大一点的儿童来说，这是非常理想的做法。可以去看看有蹦床训练的学校、游戏场所和运动馆，它们可能给特殊需要儿童分配了时间。

为了让孩子参与与你的互动，当他们弹跳时你要尝试做以下事情：

☺ 随着其弹跳拍手或者数数。

☺ 玩"停和开始"的游戏。首先预告"各就各位，预备……跳"，鼓励孩子，等着他说出"跳"；在几次跳之后，预告"各就各位，预备……停"，并通过身体辅助鼓励他停下来。你也可以通过使用一个手势或视觉信号来表示停和开始，例如，拍手或者将双臂上举表示"开始"，向下则表示"停"。可以尝试在孩子旁边的地板上跳，和他一起停止和开始——使他意识到你也正在玩！

☺ 在室外时，用CD播放器播放他最喜欢的音乐，同时让他跟着音乐跳。尝试停止和开始播放音乐，这样他不得不听，并在音乐停止的时候停止弹跳。

☺ 可以尝试以下韵律，伴随他的弹跳，缓慢地叙述：

查理在蹦床上跳

跳了多少下呢

现在停止了，查理又开始数

一，二，三，四，五，六，七，八，九，十！

或者在他跳的时候抓住他的手，叙述下面的内容——当你说或唱着这个韵律的时候，要让他伴着这个韵律跳得高或低。

一天，阳光下，苏珊跳得很高

跳，一，二，三，飞……到空中了。

落回到地面了，跳得很低，很低

但是弹跳开始在长大，长大，长大

变得很大、很高

直到她跳到空中，……飞走了！

隧道、游戏帐篷和小房间

这一类游戏装备可以用于室内游戏，也可以用于室外游戏，具有多种用途。这类游戏的"无规则"的本质意味着自闭症儿童在理解做什么这方面上更少遇到困难。可以尝试以下做法。

隧道

☺ 当孩子在隧道中爬行的时候，轻拍外表面。看看他是否会在里面拍你手放的位置。

☺ 支撑隧道的刚性环对膝盖来说很坚硬，特别是对物理刺激很敏感的儿童。如果他不愿意爬行，可以用一块毯子垫在隧道所放的地板上。也可以尝试用其他遮盖物铺在上面，比如泡沫包装或者毛织物，再让孩子爬。

☺ 看看孩子是否会拍气球或者让一个球滚过隧道。

☺ 让他从外面带一个手电筒进隧道，或者尝试一个闪光的物体。看看他是否能够碰触灯光照到的地方。

☺ 游戏隧道非常适合玩"躲猫猫"游戏，坐在隧道的入口位置而不是出口位置等他，让他找你。

☺ 游戏隧道也是一个非常适合兄弟姐妹们一起玩的游戏。让兄弟姐妹们直立在隧道中，随着"扑"的一声将它拉倒。

☺ 有一些隧道装有透明的面板，这可以提供很多可能性。如果你把脸贴在透明面板那里，而你的孩子避开的话，你可以首先尝试使用泰迪熊或其他一些柔软的玩具。记住，要为孩子创造一些机会，让他表示他想继续游戏，可以制造一个"长时间的停顿"，等待他的反应。

游戏帐篷

游戏帐篷（有多种弹出式式样）不必占据很多空间，而且可以用于很多种活动。可以尝试以下做法：

☺ 练习按门铃或者敲门，让孩子打开帐篷的门，说："你好"。看看他是否能够模仿简短的对话，"你好，你想来杯茶吗？"要用一个真门铃或者一块木板发出真实的敲门声。

☺ 同样，游戏帐篷可很好地用于"躲猫猫"类型的游戏。

☺ 对于已经能够进行一些想象游戏的儿童，可以尝试"玩房子"的游戏。可以给"卧室"一个枕头、一块毯子以及游戏用的厨房设备。

☺ 对于不会对阅读产生反应的儿童或者玩某个特定游戏的儿童，可以让他在游戏帐篷内某个新的区域做这些事情。要实验各种活动。也许需要将帐篷外部的装饰去掉，以使他能够集中注意力。虽然跪着对你的膝盖很难，但确实值得一试！

游戏小房间

☺ 弹出式游戏小房间也可以用于"躲猫猫"游戏——孩子（或者你）可以坐在底部，数到三时，胳膊张开着穿过洞。

☺ 孩子也许仅仅是喜欢被抱起来、放进小房间中——可以用某个韵律来鼓励他互动：

杰玛想要什么——上，上，上？
你想让妈妈把你放哪儿？
举到空中……各就各位……喔喔喔！！！
下来到小房间中了，一，二……三！

鼓励孩子和你一起结束每个句子，要有停顿，可以让他表示他是否想再来一次。

☺ 弹出式游戏小房间能够很容易地作为投掷球和豆袋的目标——更多投掷东西的想法可参见第9章。

冬季户外游戏

对于儿童来说，秋天和冬天是一年中进行户外活动的非常有趣的季节。自闭症儿童也许真正喜欢的是比较凉爽的天气，容易摔跤的孩子可以多穿一些暖和的衣服。

☺ 堆积起来的干树叶是相当有趣的。可以尝试以下做法：
  ○ 当你从上面走过的时候，仔细倾听嘎吱嘎吱的声音。
  ○ 跳进干树叶堆、扔干树叶时，可以玩"各就各位……预备……开始"的游戏。
  ○ 让孩子将一把树叶洒落下来，观察它们飘落到地面上的情景。
  ○ 如果你有走相同路线散步的习惯，可以在一年中不同的时间拍很多照片，这样你就能看着照片，谈一谈树叶发生的事情。可以尝试对某棵树拍一系列的照片。让孩子看一棵他自己看到过的真的树，比起他只看书本上的，能让他更有意义地理解季节。可以用照片做自己的剪贴簿，将真的树叶贴在上面——不要忘记将孩子站在树旁的照片贴在上面。

☺ 当你在户外时，不管什么时候，都要跟孩子说一下天气，或者用图片命名天气情况。让他看看，碰碰（甚至尝尝）霜和雪。要给它一个一致的名称——如果你使用了单词"霜冻"，那你就不要使用"冰""冷"或"几乎冻住了"这样的说法，直到你确信他理解了这个单词的意思。同样，如果你使用单词"风"，那么你就不要说"大风"。

☺ 对于很难投掷和抓住飞盘的儿童来说，可以尝试一下"旋转盘"；这类充气的圆盘需要小心地操作，但是它们不是很昂贵，很好玩，很容易投掷和抓住，可将儿童吸引到户外，即使是在寒冷的日子里。

☺ 对所有儿童来说，将脚印留在雪地里是一件令他们感到心满意足的事情。
  ○ 跟着领头者玩。可以争取另一个成人的帮助，让他抓住孩子的手，跟着你走过雪地。往后站着，看你们留下的脚印；可以尝试沿着脚印返回。
  ○ 将洗涤剂瓶子里彩色的水和食物或稀释过的海报漆喷射在雪地上，画一个大的形状。
  ○ 用一个矿泉水瓶子装雪，看它融化。

☺ 同样，要拍雪的照片，甚至用摄像机将它拍摄下来，这样你就可以在一年中的任何时候看它，谈一谈它——比起使用语言，用类似这样的图片重新回顾经历，可以让孩子更容易理解。谈一谈以及看一看已经发生过的事件，可以提高他的理解，引导他将记忆转变为一件积极的事情，而不是成为此时实际上引发他焦虑的事情。

其他有用的户外装备还包括风车、风铃、彩色纸带和丝带。要认识到，对于一些儿童来说，类似的这些东西都有助于激励他们与你互动，而对其他儿童来说，它们看起来在视觉上或听觉上都很令人满意，但实际上会将孩子的注意力从互动中带离。要对之进行观察并相应地给予回应。

· 11 ·

水 游 戏

自闭症和水

水就像音乐一样，常常能够对自闭症儿童产生极大的影响。他们常常被水奔流的样子和声音所强烈吸引，被水坑、池塘和湖面上轻轻的涟漪所迷惑，或者因卫生间冲水、海浪的声音，甚至他们皮肤上最轻微的水滴的感觉而变得异常沮丧。跟利用音乐一样，我们的目的是利用水的积极的具有吸引力的特点，将之作为互动游戏中的一种手段，同时帮助孩子对水的某些方面进行脱敏，而这些方面通常是令其感到有压力、不愉快的。

问题和解决措施

对皮肤上的水感觉敏感

一些儿童无法忍受水在他们皮肤上的感觉，这会给他们带来明显的实际问题，也会阻碍水游戏的可能性。我建议在一个完全新的情境中尝试水游戏，远离碗以及与洗澡有关的浴室。

可以尝试将一个浅浅的盘子放在桌子上，在盘子里放上温水和一些弹子，鼓励孩子移动弹子——他也许仅仅需要在开始的时候弄湿指尖。也可以放一些可以吃的、能够放进水里的东西，比如，无核小葡萄干，或者加入一些果汁，让水有一些味道，让孩子将手指浸入里面，然后舔一舔。给他看旁边有一块毛巾，可以让他将手擦干。

不要强迫他将手放入水中，用餐前，可以让他使用法兰绒布或湿纸巾擦手，尽可能不要让他对这些必要的清洁事务感到有压力。

注意，许多自闭症儿童非常讨厌公共厕所里空气干燥机的声音——如果让他们洗手，他们就会尖叫，这并不是因为他们讨厌水，而是因为他们害怕干燥机！

水痴迷

相反，有一些儿童可能会很痴迷，喜欢在所有的水坑里跳，坐在里面，去任何他们可以去的卫生间，玩水龙头和水，在家里不断地跑向水龙头。如果是这种情况，至少没有感觉敏感的问题需要你去处理！但是，你必须对水游戏很小心地进行结构化，否则孩子从独自一人的水游戏中所获得的感觉刺激会让他感到如此愉悦，以致他会继续沉浸在自闭孤独的状态中，而这恰恰与你想要达到的目的相反。

可以采用计时器来限制他玩水龙头的时间。如果计时器的铃声对他来说很不舒服，则可以尝试一个视觉的闹钟。

如果开水龙头这样的活动具有高度的愉悦感，那么，可以将它作为结构化游戏之后的奖励物或强化物。告诉孩子（最好采用图片卡来说明），在某项特殊的活动之后他可以玩水龙头（同样采用图片卡来说明）。

个案：凯瑟琳

凯瑟琳喜欢所有类型的水游戏，虽然这意味着她的妈妈有一个很简单、现成的游戏活动可以让她参与，但是，在这段时间里，鼓励她与人互动甚至是进行眼神接触都是非常困难的。她抗拒妈妈"介入"或努力指导她游戏。她的妈妈觉得，如果想让她保持一段时间的安静，让她玩水是一种很简单的选择，但这对她的其他方面不会有什么帮助。凯瑟琳的玩水表现出了固执强迫和刻板的特征——她反复地在水池那里将塑料盆装满水，然后走到浴缸那里将其倒进去，一次又一次。

凯瑟琳的妈妈认为，玩水对她来说是如此愉悦，以至可以将其作为另一个更具学习潜力的活动的奖励物（仍旧有水）。凯瑟琳的妈妈将一张小型的塑料桌子放进浴缸里，将一套形状分类玩具放在桌子上（她知道凯瑟琳已经会做这项活动了）。她在一张卡片上画了形状分类玩具，又画了一张塑料盆的图片，还有一张是水龙头，她将它们拿到凯瑟琳面前，对她说"先玩形状游戏再玩水"。开始时凯瑟琳有一些反抗，但是最后她开始去拿分类玩具，将一个形状嵌入到正确的孔里面。她妈妈马上就给她盆，说："对，做得真棒。"当凯瑟琳将盆里的水装满又倒掉的时候，她妈妈抓住机会努力为她创造一个沟通的空间——当盆里的水满了的时候，她妈妈将她的手放在最上面，说，"等等！……各就各位……预备……开始！"在说出"开始"前她为凯瑟琳留下一个长时间的停顿，以促使她说话或者进行眼神接触。一段时间之后，凯瑟琳停止了抗拒，并表现出希望获得更多奖励物的期待。

在以后的日子里，妈妈慢慢改变了活动，只是将一套形状分类玩具随意地放在桌子上，让凯瑟琳给她"正方形"。凯瑟琳将形状放进盆子里，然后将之倒入浴缸——她已经创造了一个和妈妈一起参与的、自己的游戏版本。在每个游戏阶段，妈妈都为她提供一些她可以做的不同的活动（要注意它们可能会弄湿！）。在每个活动之后，凯瑟琳都常常会被奖励盆子和玩水游戏。水游戏活动具有更多的互动和学习特质，凯瑟琳也表现出很喜欢这个活动，而不仅仅是简单地倒水。

享受室内水游戏

洗澡时间可以是你与孩子进行互动的非常有价值的机会。如果他喜欢洗澡，那么，你已经让他处于一个放松和可接触的心理状态，可以尝试下面的一些游戏。

如果洗澡是一个具有压力的、不愉悦的经历，可以尝试下述做法：

- 要查看一下，看看是不是因为要洗头发这件事情让孩子烦恼。许多自闭症儿童讨厌必须要做这件事情，以及洗澡有让他们做这件事情的可能。可以尝试制作两张画有洗发水瓶子的图片卡，在其中一张上面画一个红十字。在那些孩子将要洗头发的日子里，将有洗发水瓶子的那张图片给他看，然后是一张奖励物的图片，上面的奖励物是你认为他很喜欢的（最喜欢的录像、用来撕的纸盒子、一包薯片，等等）。如果是不需要洗头发的洗澡，则给他看有十字的洗发水瓶子，并用语言进行强化，"不用洗头发"。如果仅仅是因为洗头发而导致孩子讨厌洗澡，那么，一旦他理解这件事情不会发生时，他就能够冷静下来，享受玩耍。不要对讨厌洗头发的孩子进行淋浴，他们会希望所有这些能快速结束。如果洗发水是个恐惧源，可以尝试只使用湿的法兰绒布，或是在洗完澡之后用湿法兰绒布洗头发。对于讨厌洗头发的小女孩，洗头时间越短，意味着洗头和梳头的压力越小！

- 如果孩子仅仅是讨厌水的感觉，可以尝试重新引入洗澡。在浴缸底部放入几厘米深的水，让孩子穿着衣服，但是脱掉他的鞋和袜子。首先让他用手从浴缸里拿出一些东西，看看他是否会踏进去——不要担心他将剩余的衣物弄湿；只是每一次脱得要更多。要让他习惯按照自己的节奏洗澡的感觉。幸运的话，慢慢地，经过一周左右的时间，他将被劝诱回到浴缸里。这一次，你可以用洗澡布或者湿纸巾让孩子保持干净，但是这么做，也要远离洗澡时间。自闭症儿童会对温度很敏感。成人通常特别享受的洗澡水温度常常比绝大多数儿童感到舒服的水温要高。如果孩子不能告诉你水太烫了，那么，这将会让他很烦恼。

洗澡时间的游戏

☺ 孩子可以在浴缸里玩水，但实际上并没有坐在里面！可以尝试在浴缸里放一个大的塑料盒子——如果它对于孩子来说太低，可以将它放在一个小凳子上或放在另一个塑料箱上面。里面装满温水，试验下温度，用点泡泡和食物色料，看看什么可以让他高兴。记住，孩子和所有周围的区域都将会被弄湿——在地板上放一块旧浴帘将解决掉绝大多数的水（在上面铺上一块毛巾可以避免滑倒）。尝试将不同物品放入水里——弹子、石头、塑料片、纽扣、硬币。给孩子一个机会，让他从三个或者四个物品中选择一个掉入水中，轮流进行这个游戏。可以对你正在做的事情进行一个简单的解说，例如：

"轮到山姆了，一个石头！准备，预备，扑通——看沉下去了！"

"轮到妈妈了，一个乒乓球！准备，预备，啪嗒——看，浮起来了！"

尝试将这一活动用于轮流和语言获得（接受性和表达性语言）的训练。记住，要常常尝试制造一个空间、一个长时间的停顿，让孩子有机会做出一个交流手势。他也许希望你继续某个特殊的活动，或者希望你使用其他一些东西——要对任何看起来像是有表达意图的行为进行反应。

☺ 练习将水从茶壶倒到茶杯里，从一个盆子倒进另一个盆子里，或者使用漏斗。要认识到什么会让孩子感到受挫折（也就是说，是否一个容器的颈部太窄以致他难以掌控）。

当孩子在浴缸里的时候，可以尝试下述做法：

☺ 提供一块宽的木制板，装在浴缸边（一边固定的板条将保证孩子的安全）。随后孩子可以舒适地将水倒进、倒出容器。要尝试让他的游戏有意义——如果他将水倒进杯子里，假装喝掉它！不要一次提供太多容器，特别是这些容器可能会被排成行或者被堆起来的话。

☺ 把一个高高举起的罐子里的水往外倒——在浴缸另一边远离他的位置，拿着罐子——看他如何反应。如果他喜欢它，在"各就各位，预备……"之后停下来，鼓励他说或做出一个手势（一个表情或一个声音），来表达"更多"或者"开始"。

☺ 尝试给他一个上发条的戏水玩具。挑选一个他能够掌控的厚实的玩具。

☺ 和孩子一起玩面对面的有趣的游戏。让他将水从你的头发那里倒下来，夸大你的反应，让他发笑，或者有一个水喷射的时段，可以使用动物喷射器喷水。

☺ 沐浴偶人的外形和手套木偶有点类似，可以玩很多类似"现在你看见我了，现在你不"这一类型的游戏。

☺ 那些特别为儿童设计的浴室用蜡笔以及彩色肥皂，可用于在浴室里画画。可以尝试在浴室的一面墙上贴一块安全的镜子，在孩子脸上画一个彩色的点点。让他看看镜子里的样子，说，"菲奥娜蓝色的脸颊/鼻子/耳朵……指指菲奥娜蓝色的脸颊"，等等。看看孩子是否将一个标记放在你要求的地方。这是一个很好的游戏活动，可以用来发展本体感觉。自闭症儿童常常在将归属感与自己的身体建立联系以及自我和角色认同方面存在困难。所有鼓励孩子认识到自己的身体特征的活动，以及认识到自己的情绪反应和行为的活动，都可以帮助他形成"我是谁"的感觉。

☺ 在浴室里玩泡沫刮胡膏是一种可以将之弄得凌乱不堪、并享受触觉刺激输入的很棒的途径，这种方法也可以为你和孩子提供互动的机会。

☺ 在浴灯下洗澡可以增加趣味性。孩子也许喜欢在昏暗的浴室里享受温水浴的宁静——可以实验不同的照明，包括安全电池控制的蜡烛以及电池控制的可以变换颜色的灯。你可以尝试将它们藏在毛巾后面，玩"现在你看见了它，现在你不"的游戏。变换颜色的灯可以慢慢地轮换多种颜色，让儿童对之后出现的颜色进行命名，以形成期待。

桌面水游戏

☺ 让冰块一块一块掉下来，慢慢掉入浅浅的、透明的碟子里，看看将发生什么。可以尝试将它们压入到水中，观察它们再一次浮起来。若有其他兴趣，可将水果块冰冻成方块或者将水果汁冰冻成小方块 这样孩子可以抓着舔。同样，极端的温度可能令孩子感到不舒服，以至他们不想碰这些小方块，如果出现这种情况，可以使用勺子，但是当你可以的时候还是要吸引他去碰小方块。可以尝试用以下韵律来让他集中注意力：

冷，冷冷的冰在水里……拍嗒

看它碎了，浮起来了，撞了

这里又来一个……跟我一起数

准备放，一，二，……三！（鼓励孩子说"三"）

☺ 尝试将一个小型的塑料玩具冰冻进冰块中，然后将之放在温暖房间的一个盘子上，看着它融化。一直注意这个盘子，说，"看，融化了"。你可以在冬天尝试带一个雪球回家，做同样的事情。

☺ 用一只旧的洗碗桶，尝试加一点油基颜料或烹饪用的油，在水面打转，搅出各种图案。你也可以用一根吸管在水面吹，让它运动。如果你使用颜料，可以把一张纸放在水面上，然后将它举起来，看看大理石颜料的作用。

☺ 将一面镜子放在一碗水的底部，鼓励孩子去观察它。轻轻搅拌，让水面有涟漪，以改变反射。

☺ 一个水花飞溅的分类游戏——将两个不同的彩色塑料储藏盒放在孩子面前，将一些水倒在其中一个盒子的底部（要有足够的水，当东西扔进去时刚好有水花溅出来！）。在孩子面前放一只塑料鸭子、海豚、猪、马、羊（要别出心裁地玩你家里的这些塑料玩具）。将这些东西按照在水里生活的和在陆地生活的条件进行分类，可以按照下述做法：

举起鸭子，说："本杰明——这个是生活在水里的吗？"给孩子一些时间来回答，但是一会儿之后你要自己提示答案，"是的，……鸭子生活在水里！各就各位，预备……开始"，接着就将鸭子扔进水盒子里。扔东西这个奖励物可以激励孩子，也会抓住他的注意力。你在开始几个时段里要提供答案；在这之后，你也许想增加一些新的东西或者尝试一个不同于水里的/陆地上的这个分类维度，比如，交通。

☺ 在就餐结束之后，让孩子帮助洗碗，或者给他一只碗和肥皂水，让他洗几只塑料碟子，即使他会弄得凌乱不堪。他也许更喜欢洗真正的塑料碟子/罐子，而不是玩具餐具。一个能够让孩子够到水池的两步阶梯对很多活动都有用。

户外水游戏

就像浴缸一样，嬉水池也是一种鼓励孩子互动的很好的方式。可以尝试以下做法：

☺ 给孩子一个鱼网，看看他是否能够从水里捞出一个球——提供一个足够大的球，这样活动就不会太难。这是一项很好的活动，可以用来发展儿童的手眼协调能力。可以尝试一个人一个鱼网，来一场比赛，看看谁先抓住球。为了提高他参与此项活动的动机，要使用他喜欢的玩具/物体（是防水的），或者当他每次用网抓住东西时就奖励他或强化他。

☺ 另外，用乒乓球做成鱼，可以用防水的标记笔在乒乓球上画眼睛、嘴巴，看看你能捞多少球在你的网里。

☺ 如果你有很多球池用的球，将它们放进嬉水池，看看孩子是否会从下面将它们捞回。

☺ 一些儿童很喜欢嬉水池中水花飞溅的感觉。如果天气不够热到在嬉水池里玩，那么可以尝试在塑料盘子里感受水花四溅（穿上雨靴）。如果这一活动给孩子带来高度的愉悦感，可以将之作为其他活动的奖励物。

☺ 水滑梯也非常有趣：在草地上用木桩标出长长的滑道（用硬的乙烯基做成），在到达的位置将软管插入适配器中，它会在滑道表面喷水，使道路顺滑，让儿童能够滑下来，自己到达终点。可以有许多"各就各位，预备，开始"的游戏机会，也可以让孩子与兄弟姐妹们一起玩很多活动。感觉防御的儿童可能喜欢穿着运动裤和T恤。这类户外游戏装备也可以在许多大型商店里买到。

游　　泳

许多自闭症儿童学会了享受在游泳池游泳的乐趣，这也是一项很有价值的活动，他们可以在与同伴相同的水平上参与活动。因为是与所有儿童一起，因此，最好尽可能早地将孩子引入到游泳池中；但是，对于自闭症儿童来说，这也需要慢慢做。如果你的孩子看上去感到很烦恼，并且发脾气，对于所有这些的体验都是不太愉快的，也许你已经放弃游泳了。这也许不是因为他不喜欢水！游泳池里充斥了奇怪的味道、各种噪声，包括淋浴、尖叫、穿衣服、脱衣服以及烘干——所有这些对有感觉加工问题的儿童来说都是极具压力的。这并不意味着它不值得坚持——如果他能够开始享受这一活动，那么它就打通了进一步互动的道路，这是一条消耗多余能量的途径，对危险感没有像非自闭症同伴那样得到协调发展的儿童来说，这也是锻炼有用技能的一条途径。

要提前看看游泳池什么时候是最安静的，你可以先参观一次，可从简短的10分钟时间的参观开始——在门厅中站着，在咖啡馆坐着，看看周围的观众。要让孩子习惯这些声音和气味，然后带着他喜欢玩的令其感到开心的东西踏上这一旅途。在家里，可以看看有关游泳的书，练习穿救生臂圈。当你感到你已经做好恰当的准备时，在你衣服里面穿上你的泳装，这样孩子不会因为你而等待太长的时间。在开始的几个时段里，可以在水里只待10分钟——不要等到孩子开始发怒你才出来。要确保你离开时有个快乐的结束（首先要提醒孩子快要结束了）。在水里，要抓住你的孩子，不要挑战他让他离开，直到他觉得安全为止。

要慢慢地引入以下活动：

☺　抓住他的手，让他跳，同时你缓慢地往后退。要使这一活动非常有趣，而不是一个强加的学习游泳的练习。可以尝试以下韵律：

在水里跳跳

跳进海洋里

准备溅一个大水花

一，二，……（很长的一个停顿，等待交流手势）……三！

☺ 如果有台阶到泳池里（与梯子相反），可以尝试从最下面的一个台阶开始跳，缓慢地往高处移动，直到孩子已经准备好从池边跳进泳池。

☺ 可以带一个儿童用的喷壶，互相往对方的肩膀上喷水，或者带一个小球，试着在水里将它抓住。可以玩"各就各位，预备，开始"的游戏——让孩子等待你让球浮回到水面上，鼓励他说"开始"。

☺ 不要忘记查看游泳池或者地方的支持小组，看看是否有特殊需要时段。常常会有一些工作人员，他们在服务各种学习障碍儿童（以及成人）方面有很好的经验。游泳馆也可能提供气垫、橡皮艇救生船以及可充气的物品，也可能允许你带自己的。可以尝试带一只小型的充气船或者气垫，将孩子安置在你和另一个成人中间。鼓励孩子用口语或手势要求"快""慢""更多""开始"和"停止"。

游泳之后，不要逼迫孩子去淋浴，除非他喜欢沐浴。有兜帽的毛巾浴袍也许能帮助他隔绝一些噪声，让他感到更安全。承诺结束之后有奖励/小点心，也可以帮助他将注意力集中在穿好衣服上。强化他将这一事情解释为是有趣的。

· 12 ·

电视的潜力

电视——为什么？

在一本有关游戏和互动的书里放一章有关电视的内容，看起来不太合适。但是，电视也可以成为超级有用的工具：

- 电视可以是一种非常优良的非侵入性的教学媒介。它能够向语言有障碍的儿童呈现很难解释的图像和概念，它不要求一对一学习时所要求的那种互动水平。显而易见，电视仅仅是日常学习的补充。
- 自闭症儿童常常是一个"视觉思考者"，输入、加工、学习很多来自他们"视觉通道"的信息。很明显电视是一个高度视觉化的媒介。若要获得更多有关视觉思考以及自闭症方面的信息，可以阅读 Temple Grandin 所著的《用图画思考》（*Thinking in Pictures*）一书。
- 电视是"能够控制的"——音量可以被调节，图像可以在孩子的控制下很短暂地呈现。摄像镜头对"真实"事件的拍摄能够促使孩子重演一些经历，在这一过程中，他能够调整感觉输入，也能够按照自己的意愿停止和开始。
- 让孩子观看电视，确保他并不是仅仅沉浸于自我刺激的行为或是更糟糕的破坏性行为，这可以让你休息一会儿。
- 反复播放光盘（DVD）是相当吸引人的——孩子也许想看同一个光盘很多次。如果某个主题经过了仔细挑选，那么它就包含了一个学习的要素，这样强迫固执的、"自闭的"行为就能够引入学习，同时也能令其感到宽心和愉悦。
- 电视给你提供了一个休息时间，你可以去开展新的活动，打重要的电话，等等。
- 电视让孩子的身体有一个休息时间，帮助他安静地坐一会儿。
- 他感到特别能够参与的一些事情能够有助于他专注的技能，可以作为补充性学习的起点。

- 如果孩子生病了，电视能够将他的意识从感觉那里带离一会儿，让他全神贯注于其他事情。

常见的问题和可能的解决措施

看相同的DVD/一遍又一遍，抗拒看新的

可以尝试下述做法：

☺ 做一个音像磁带，或者下载一个新的光盘（DVD）的音频材料，当孩子专注于某样他喜欢的事情或者当你外出、在车里的时候，在这样的背景中安静地放这个录音。可以尝试听类似的以音乐为基础的迪士尼DVD中的一些音乐。当他习惯于这些声音的时候，可以用下述方式间接地引入新的DVD：

这个最好由两个人来完成，以便最大程度地分散孩子的注意力！让他全神贯注于玩闹（如果这是他喜欢的）、跳舞或者其他任何可以让他高度参与的游戏。当你们中有一个人做这件事情的时候，另一个人放入新的DVD，但不要让孩子看见，声音也要放得很轻。缓慢地增加音量，同时你们中的一个人屏蔽掉电视的图像。跟随孩子的步伐——如果他意识到声音，他可能会放慢游戏的节奏，试着去看看，或者他可能会想发生了什么，然后开始出现抗拒。如果这些发生了，可以增加身体的游戏以分散他的注意力——他可能继续拒绝，那么一次只放DVD几分钟。一旦他感到DVD不再完全是新的时候，他也许会开始接受它在背景中。要使用很多奖励物或鼓励，但是注意——要仔细选择DVD。他可能在接下来几周会只看这个，直到你又一次用相同的程序引入下一个新的DVD。

☺ 选择一个节奏缓慢、语言最少或没有声音、也很容易理解的DVD。对孩子来说，快节奏的动作卡通片和电影都要求太多的"解码"才能有所受益。如果你以前从未看过DVD，要和孩子一起看，要有远程控制的准备；一些看起来很温和的DVD可能有让孩子感到高度受干扰的东西。你也许喜欢尝试一些具有重复性的学习DVD，比如字母表或数数的DVD。一些儿童可能会

在家里抗拒某个 DVD，但在另一个不同的场所，如奶奶家，则会观看它。因此，在你们到达之前，可以安排一个特殊的 DVD 进行播放。我的儿子绝对拒绝看某张新的 DVD，而这张 DVD 已经在家里放了将近一年的时间。但是，当他在一个朋友家里看了这张 DVD 后，他就在家里将它找出来，要求看它，然后这个 DVD 就成为了他最喜欢的电影。

坚持用快进方式看 DVD

☺ 这是一个很复杂但明显相当普遍的视觉"刺激行为"（自我刺激行为）。很幸运的是，我儿子没有这一问题，但是我可能会用一个短暂暴露之后跟随奖励的方法来处理它，也就是说，要求孩子容忍很短的时间，例如，5 秒（按照正常的速度），接着跟随一个奖励。你也许感到快进看 DVD 这个活动让孩子感到如此愉悦，以至它本身可以作为处理更具要求性的活动的奖励物，或作为观看 5 分钟正常速度播放的 DVD 的奖励物。可以尝试制作一张用于按正常速度播放 DVD 的图片提示，另一张则是用于快速播放 DVD 的图片提示，如下所示：

快速

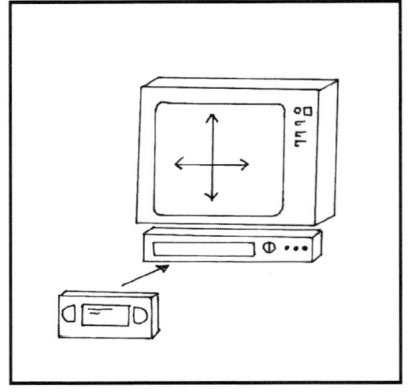

正常速度

可以用一个带铃的计时器或者视觉计时器来限制DVD快进播放的时间。

另外，你也许觉得这是一个不太适当的活动，更倾向于将注意力放在短暂时间的正常速度播放上。

☺ 如果你没有反对这一活动，但是希望在观看"正常速度播放"的电视这方面努力，可以尝试只留一个允许他以快进方式观看的DVD。孩子也许会容忍一套新的管理不同DVD的方式，而不是他最喜欢的那个。

☺ 可以尝试探索视觉或听觉敏感性是否导致了这个行为。在房间里用声音/灯光进行实验——观察他如果累了、感到有压力或无聊的时候是否想做这个。

坚持持续不断地放电视但并没有真正注意到它

在我的调查中，许多父母报告他们的孩子只是喜欢有一个连续的背景噪声，常常整天放着电视——而实际上对它毫无关注。我儿子对录音磁带也是这种情况，我只能将之概括为，持续不断的噪声是一种安全的形式（通过一遍又一遍地重复相同的歌曲），也许可以帮助他们对抗声音的敏感性。

如果有一些事情在打扰他，他仍旧会在晚上醒过来，这时他会要求让"音乐开着"（相同的磁带）。但是，在一天当中，我发现他的时间安排越结构化，我们就可以安排更多特定的时间让他听磁带。我们甚至还有一张听音乐的图片卡，这对他来说是一项特殊的活动，而不仅仅是一种强迫性的仪式动作。若沿着这些路线工作，那么，尝试以下做法也许很有用。

☺ 引入一张画有一台电视机的图片卡，当孩子表示他想让电视机开着的时候，让他首先做另外一件事情，比如，听一个故事，吃他的早餐，穿好衣服。每天将目标定在15分钟后放电视。要给他增加更多的活动让他做，直到你达到一个可接受它播放的时间（例如上床前最后2个小时）。可以尝试按照孩子的速度缓慢变化，提供一些物品作为替代品让他注意。如果电视的声音对他来说是最重要的事情，可以首先尝试将之转变为录音磁带或者背景无线电噪声，或者逐渐降低音量直到他适应安静。不要过于死板；如果孩子感到很累、不舒服或者很有压力，仅仅需要他最喜欢的 DVD 的安慰，不要拒绝他这个要求。当他感觉到可以迎接挑战时，你就可以减少电视播放的时间了。

摄像机的许多应用

摄像机是另一个可以帮助孩子的有用的工具。如果你有一个，那么不要将它收起来只为特殊的时刻使用。

☺ 你与孩子互动的录像镜头可以成为你自己很有用的学习工具。如果你正在开展日常的结构化学习活动（具体可参见第 3 章），可以尝试每周或者每两周记录一个时段。和你的言语治疗师一起看这个录像，看一看你们的沟通得到了怎样的改善。要注意哪一件事情在起作用，你是如何构建它们的。可以请另一个成人对你与孩子自由游戏的时间进行录像，或者用摄像机录下每两周一个下午或上午你们的活动。观看这个录像，用记事本记录什么在起作用，什么产生了负面的反应。可以请另一个成人与你一起观看——他也许会看到你忽视的一些事情！

☺ 录像镜头可以非常诚实、客观地记录孩子的进展情况。它能帮助你尽早获得正确的诊断，并用于向专家描述你可能遇到的问题。不要仅仅只是拍摄孩子自己在玩的录像；要将他与你、其他孩子以及成人的互动拍摄进去。

☺ 如果你孩子进了幼儿园或托儿所，当你与他在一起时他的行为就发生了变化（例如，黏着你，要求回家），那么，如果小组中有人准备拍摄你的孩子，那么你可以对他如何应对你不在的时间有一个很写实的了解。请注意，小组在他们能够拍摄之前会获得所有其他家长的同意，因为很有可能他们的孩子也将被摄入到录像中。

☺ 通常，当自闭症儿童外出或旅行的时候，他们会被过度丰富的感觉刺激所轰炸，这将限制他们吸收、理解以及从经验中学习的能力。记录和回放那些关键镜头，有助于孩子再一次回到这些经验中，但这种回放是在他感到舒适、安全的家庭环境中，这将给他提供许多机会，让他学习之前所看到的事物（例如，去动物园，家庭外出），也将强化这样的观点，即这一经历让人感到很愉快。如果你与孩子谈论并解释那时发生了什么事情，那么，有可能他仅仅理解了你所讲的一部分。但录像镜头让你有第二个可能向孩子解释这些事情，在这个情境中他更有可能接受和理解你在说什么。用这种方式来重新回顾真实生活中的经历，通过将那时看起来一堆混乱的事情拼凑起来，也有助于赋予孩子参与的意义。

☺ 如果你在向负责你孩子卫生的专家解释孩子在某个特定行为方面存在困难，可以将孩子的情况拍摄下来，在你拍摄那些导致问题的情况时，要对这些进行解释；也许是自我伤害、极端的烦恼或破坏性行为。可以尝试拍摄同样行为发生的一些情况——通过这一方式，你能够确信专家们将确切地知道你的意思。解释自闭症儿童行为的不同"品质"是件很困难的事情，尤其是在好心人这样说事情的时候，"所有小孩都会发脾气"或者"他只是想控制你"。如果你的直觉是这种观点不够正确，那么它就需要处理。也许当你阅读本书的时候，你的孩子还未得到诊断，你也许在等待转介或者正处在"系统"的起点——有关孩子在家里游戏、外出、与其他儿童在一起的行为，以及引发你焦虑的行为的录像日志，将有助于决定他是否真的在自闭症谱系上，以及接下来要采取什么步骤。

录 像 示 范

录像示范意味着要录制如玩玩具这样的一个说明，这样你的孩子就能够观看，并进行模仿。对做这件事情进行录制，而不是在他面前做，这有许多优点：

- 它移去了你在他面前碰触玩具的压力。
- 它可以根据孩子认为的舒适音量进行播放。
- 它可以重复很多遍，在孩子控制下停止、开始。
- 对你的孩子来说，它较少直接指导，更少具有侵入性。
- 它允许你认真思考要使用什么语言，用什么速度说话，你感到什么"脚本"对孩子学习来说最有用。

有关如何设置游戏程序以及编制一个"脚本"，可查看第14章。其中有许多活动你都可以"示范"：

- ☺ 玩玩具的游戏序列，例如，泰迪熊的茶会，火车系列，假装烹饪，等等。
- ☺ 绘画或者涂色——例如，一张简单的图画，你知道这已经超出孩子的能力。可以谈一谈选择恰当的颜色，如何在不同颜色之间清洗毛刷（以及用一块海绵吸水）。
- ☺ 在你将珠子穿成项链时数珠子。
- ☺ 你可以求助另一个小孩，将你们的谈话录制下来。这可包括，当进入房间时，说"你好，我的名字叫……""你叫什么名字？""你几岁了？"，等等。或者将你与孩子的兄弟姐妹们一起玩"轮流"游戏的过程录制下来（可参见第8章）。

制作一个录像示范的片段要花一些时间，至少需要两个人。要牢牢记得"脚本"将是什么——缓慢、清晰地说话，但不要看起来像"机器人"。就像所有你的游戏活动一样，要将"舞台"上乱七八糟的东西清除，照相机要牢牢锁定在所关心的活动和人身上。用前面介绍过的方式引入录像，当他看录像时让孩子可以获得录像中在玩的那些玩具。在他尝试模仿之前，他也许需要看几次；他可能仅仅喜欢按照自己的意愿看录像，将之作为一项活动，这也挺好的。

最后，如果你有自己的录像机或者可以得到一个录像机，那么，不要忘记记录孩子日常以及持续的发展情况。可以拍摄他结构化学习时段、自由游戏、客人来访时的互动、外出去公园、假日等时候的情况。对任何一名儿童来说，这些都是珍贵的记忆；对一名特殊儿童来说，这些记忆可帮助他将他是谁——他的角色拼凑起来，给他一种他的历史感。对你来说，这些都是你将来可以回看的时光，看一看自从诊断初期的黑暗时光之后你已经走了多远。

· 13 ·

创造性：艺术和手工

为什么是艺术？

想象一下这种生活，没有任何口语，生活在一个看起来不可理解的世界中，很少有预测的能力，别人为你做任何决定，从你吃什么到什么时候去卫生间。然后，再想象一下在纸上做一个标记可能有的满足感，如果你用相同动作一致地做出相同的标记，就要决定在纸上的什么位置、这个标记有多大、用什么颜色——想象这如何让人感觉到有某种控制感？

作为学习障碍人士艺术和手工促进者，我的经验常常支持我的信念，即，对于语言或身体运动存在障碍的个体来说，创造性都是一种有价值的自我表达的宣泄口。我并不是指用"艺术"的方式进行自我表达，而是一种感觉，这种感觉指的是，"做标记"是一种有目的地对我们周围的世界付诸行动的重要方式。对某个工具进行控制，给他人留下某个图像，这是一种原始的、自我实现的行动。在纸上做标记，具有与跑步或尖叫相同的紧张——释放的特质。你自己可以尝试一下——下一次当你觉得真的饿的时候，拿一支笔、几张纸，尽你所能地重重地、快速地乱写——往后坐，观察一下你是如何感受的！现在思考下你孩子为什么生气的其他原因。艺术不仅仅是关于美好的图画，它还是会对人的幸福产生积极作用的一个过程，不管它是一个深思熟虑的控制行为，一种紧张的释放，深度放松的冥想效果，还是将想法表现为图画给世界看。

艺术和孩子之间的障碍

一般来说，向自闭症儿童提供材料和鼓励，常常是不够充分的。材料本身可能是一个主要的注意力分散源——一些儿童也许会因多种不同颜色材料的气味、感觉以及景象而不知所措。而另一些儿童也许会有吃下颜料或者撕掉纸张、在房间里乱扔颜料之类的冲动。也有儿童抗拒任何形式的指导或者在抓住毛刷方面存在问题，这导致他感到挫折，并出现发脾气行为——这些足以让任何一位父母在几次尝试之后就疲倦地放弃。但是，如果这些问题能够得到解决，绘画提供的就是一项具有丰富潜力的联合活动，一段可以讨论和学习颜色、图像的分享时间，以及一条相当棒的拥有乐趣的途径！

间接地获得关注

将孩子纳入到任何一项艺术活动中，都要求一定量的持续的指导，而自闭症儿童则倾向于推开这些指导。我在我儿子身上发现，首先，最好要尽量控制持续不断地提出要求和提示（口语上的）的冲动，要尽可能用最少侵入性的方式让其接近绘画——没有告知。我仅仅是安静地收集一些材料（通常这个时候我儿子在看电视，注意力就会被分散）。一旦他关掉电视了，我就开始自己做事情——就好像我很享受绘画一样。逐渐地他就靠近桌子，在我留给他的纸上留下几个记号。这样几次之后，他偶尔会给我一些颜料，或者选择某张图片提示，若这张图片提示在供他选择的图片卡中，他就会启动某项活动。有时，如果这项活动是安排在一日图片日志中的内容，仅仅告诉他后续的强化物（喜欢的活动或者奖励物），他就可以被激发——但是，实际上他已经被激发了。开始的时候这些阶段持续的时间很短，但是经过一段时间以后，现在他能够忍受更多的指导，并能专注更长的时间。对于第一次引入一个新活动，而又不让儿童因新经验入侵他的感觉而导致"过度负荷"，这个"间接"的做法是非常有用的。

你也可以看一下第2章（"早期游戏技能：获得关注和分享空间"）。你最了解你的孩子——他也许已经喜欢画画，不需要鼓励他开始，你只需要有一些关于做什么可以让其专注于任务上、有动机并能接受一定水平指导的想法。另外，因为感觉方面的特殊性或重复和僵化行为方面的问题，你也许会在如何开始这一方面遇到问题。第3章（"结构性游戏"）比较深入地描述了结构的需要以及图片卡、提示用于告诉孩子活动内容的使用方法。如果你的孩子非常"容易接近",你也许希望从图片提示开始,或者你会选择一种间接的、非侵入性的引入方法——要从你感觉会对孩子起作用的那里开始,而不要担心放弃优于其他方法的某一种方法。

准 备 开 始

- 好好准备一个房间,这样你的注意力除了在孩子身上,不会在任何其他事物上。要在一间可以容忍一些泄漏、又可保护地板和家具的房间里工作——实际上,用防尘布遮盖所有东西的表面有助于最大程度地减少由其他事物诱发的注意力分散。要在远离电视机和其他玩具的地方工作,后者会抢夺孩子的注意力。手边要有一包湿纸巾以及一卷厨房用纸。如果孩子拒绝用围裙,不要强迫他;不要在那个上午给他穿上最好的衣服!在使用颜料之前,你也许喜欢往里面添加几滴洗涤液,在清洁衣服以及家具上的颜料时,这种方法是有帮助的。

- 如果孩子不能控制撕铺在桌子上的报纸的冲动,可以在桌子表面铺旧床单。更好的做法是,找到一个途径告诉孩子,在活动结束后他能将整张报纸撕为碎片。如果他很难理解这一点,可以画两张简单的画——一张卡片上一个男人在绘画,另外一张上一个男人在撕纸——把它们一张又一张拿起来,说"先绘画,然后撕纸"。要不断重复。令孩子感到舒服和满意的撕纸行为可以作为一个奖励物或强化物,这为其提供了一个恰当的宣泄口。要努力尝试去根除这一行为,有可能你的孩子仍旧沉迷于这一活动并且对撕掉你重要的文件和纸感到很满足。

- 要看一看材料。哪一些会让孩子分散注意力?如果反复地将笔帽、颜料盖子戴上、拿开是一个问题,可以给他没有笔帽的笔,以及将颜料放在碟子里。
- 一次只引入一种或两种颜色——不要让他因为选择而不知所措。
- 如果舔颜料是一个问题，可以用矢车菊、水和食物着色剂做一些可吃的颜料。如果你不想鼓励他舔，那么，你可以转向使用真的颜料，尝试加入一点点醋。
- 可以使用大张的纸张来画画。一次只给孩子一张纸，这样他就不会因为有多张纸而分散注意力。
- 如果孩子厌恶颜料的感觉，可以给他提供一种将颜料涂到纸上但不会有接触的方法，比如，使用几块粗大的、很容易抓握的海绵。通过提供浴室颜料，让他在浴室墙壁或瓷砖上乱涂，用系统脱敏法让他适应这些东西。一块靠在浴缸上的平整的木板是一件非常棒的装备，可适用于所有类型的游戏。出于安全考虑，可以在下面钉上板条，这样它就可以牢牢地固定在那里，而不会下滑（不要忘记，木头需要磨光）。
- 你可以将一些会留下印记的食品制作成可吃的（尝起来味道很好的）、手指可以涂的颜料——可以尝试黑醋栗（煮熟的、煮成浓汤的以及冷却的）或巧克力蛋糕上的糖霜。可以提供一个盘子和工具，将图案画在食物上，将一张纸放在它上面，把它们的样子复印下来。这是一个很好的活动，有助于儿童容忍类似颜料样的食物在他们手上。
- 同时你可以为自己提供一张纸，尝试画一些简单的形状，单根直线或者圆圈，看看孩子是否模仿你。对你画的这些形状进行命名，将它留给他看看，每一次都做相同的标记。要控制想提供很多言语指导这一自然冲动，除非孩子对你一次指导一个任务感到很舒服，例如，"用毛刷涂……一个圆脸……两只眼睛……一个鼻子……一张嘴……一张脸……真棒！"如果这个水平的指导太多，可以尝试身体的提示和最少的言语，例如，指着你的眼睛和纸，只说"眼睛"、

"鼻子",等等。

- 可以尝试模仿孩子的动作——做他做的相同的标记。如果他不恰当地使用颜料（但是没有破坏性），也可以模仿——将颜料涂在你的鼻子上，在你的手上轻拍毛刷，抖抖纸张。也可尝试将他拉进你的经验世界，你偶尔也可滑入他的世界中！通过向他表明你认识到他的不同经验来获得他的信任，而不是常常想让他停止或者改变。经过一段时间后，他也许会模仿你的动作。

- 可以尝试说唱你正在做的事情，例如，"红色颜料，用我的毛刷到处转啊转……"。给孩子多留一些停顿，让其完成歌唱，或者让他表示"更多"。要认识到，多为他创造沟通的机会。

- 要保证开始的活动时间非常短——在纸上留下一个或两个标记后就获得奖励性活动或者物体。这个30秒钟的活动虽然比较短，但是看起来似乎要做大量的准备工作，一旦孩子意识到他不用做很长时间，他就会很自然地延长他花在上面的时间。

- 可以在显著的位置将作品展示几天，要经常提到它。不要尝试将一个简单的动作解释为"爸爸的图画"——只要保持重复就可以，例如，"乔舒亚在画画！——我喜欢它"。

- 当孩子越来越熟悉他的绘画时段，而且越来越放松时，就可以增加一些变化，这样他就不会期望每天只是画同样的蓝线条。可以尝试下述一些做法：
    - 每一时段改变一种颜色（不是仅仅增加新的颜色，也要拿走一些）。
    - 轮换材料——粗笨的蜡笔，小毛毡布，粉笔，油漆刷具。
    - 变换工具——压膜，刷子，海绵。要找到孩子看上去最自信抓握的工具。也要尝试使用非传统的工具，比如，油漆刷子/油漆垫，以及浸了颜料的卷起来的织物。
    - 可以尝试不同的组合，比如，白色颜料/黑色纸，金色颜料/

红色纸。

- 可以用不同颜色的纸进行实验——光秃秃的白色也许有太多反射，会干扰到孩子的视野。要意识到他可能存在的任何感觉困难，并有回应，要围绕它们工作。
- 可以从收集一盒你可以回收和使用的日常材料开始。

艺术创意

我需要一本独立的书来具体描述所有艺术活动，你可以将它们用于你的孩子，但这不是本章所要介绍的内容。这里介绍的是要找到一种方式，首先要激励和促使自闭症儿童加入活动，其次要利用经验来改善其沟通和学习。可以尝试使用下述的艺术活动来激发你的想象，可以采取某种水平的指导以及对你的孩子来说效果最好的激励策略来使用这些艺术活动。

☺ 制作简单的印章（设计师的印章比较理想）——如果孩子在捡起它们时有麻烦，可以将一个旧的线轴或者空的胶卷盒子贴在印章的后面当做把手，可以提供一个装颜料的盘子，将印章浸在里面。你可能需要用你的手抓住孩子，或者仅仅是在言语上提示他，更好的方法是，仅用碰触他的手来进行提示。将图像做成印章可以用于帮助数数、手眼协调和命名。可以尝试在纸上画一个空的正方形，让孩子将印章印在正方形里面。这将挑战他把印章正确对准纸的能力，这对数图片也会有所帮助。

☺ 可以用印章让孩子了解"顺序"的概念。从左往右排成一排，将一系列图像贴好，比如，大象，汽车，大象，汽车，大象。举起两个印章，让孩子回答接下来应该选哪一个。

☺ 用食物着色剂将一些水弄成彩色，鼓励孩子用一支吸管往里吹。用你自己的碗和吸管，描述当你吹的时候发生了什么。一旦你吹出很多的泡泡，将一张纸放在上面，做出印迹——这非常令人满意！你也许更倾向于使用透明的吸管，这样你能够检查他在吹还是在吸！

☺ 为了鼓励前书写技能，可以做一些卡片以用于简单的练习（例如，用一根直线将两个点连起来），要用透明的包书膜将它们包住。如果你的孩子很喜欢这种活动，你也可以购买一个电子的压膜机。你可以用它对图片提示进行压膜，制作日程表／争取星星表，等等。图像要符合孩子的特殊兴趣。例如，将你的汽车的照片贴在卡片的一面，在另一面画一个加油泵——可以鼓励孩子用一条线将两个连起来。我的儿子对电子插座和插头有着相当大的兴趣。他非常热衷于在插头和插座之间画线，随后这也可以引到对安全和不能碰插座之类内容的讨论上。

☺ 可以通过在纸盘上画不同的脸来练习辨认情绪。可以将它们用于你的桌面学习时段（参见第 3 章）。不要只对图片进行命名，要尝试给出一个什么使你高兴／悲伤／痛苦的例子。当你们看书的时候，可以使用脸谱。例如，泰迪熊跳舞的时候，他感到很高兴。此时你可以举起恰当的表情牌。更好的做法是，在一天当中，当孩子表达情绪时，用一个名称来确认它，例如，"好的，我知道你感到很生气"，等等。

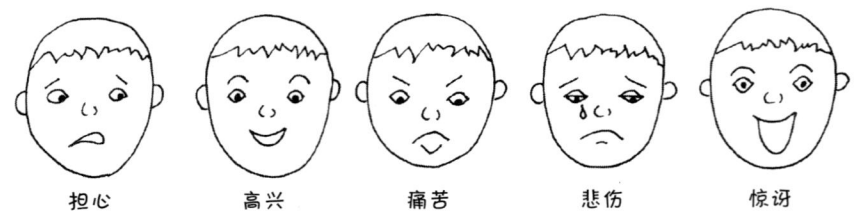

担心　　高兴　　痛苦　　悲伤　　惊讶

☺ 由于自闭症儿童在将图像感知为"一个整体"方面常常存在问题，可以通过给他提供实物，来帮助他理解这一系列标记是怎么表征一个图像的。例如，如果你正在画一只泰迪熊，可以将一只泰迪熊放在桌子上，提示他去选择颜色。给他看（在你自己的纸上）泰迪熊的头、身体和耳朵是如何被画为不同大小的圆形的，它的胳膊和腿可以是一条线。如果孩子看上去对这个活动不感兴趣，当你完成图片时，把图片留在那里一会儿。他也许以后会尝试这个活动。

☺ 可以使用一个旧的、大咖啡罐，或者相似的、干净的、空的有盖容器，它有一个相当大的底,将一张卡片剪下来贴在容器的底部,滴几滴不同颜色的广告漆在卡片上。要鼓励孩子把6个弹子一次一个扔到瓶底,听听弹子掉到容器里的声音(这是一个罐子,会发出最令人愉快的声音)。可以使用很多"各就各位……预备……开始"来鼓励孩子。盖上盖子,让孩子使劲摇罐子。将盖子打开,把卡片拿出来——弹子会以一种非常吸引人的随机的方式在卡片上涂上颜料。可以尝试不同颜色的颜料/卡片组合。

在夏天,户外创造性活动可能会相当凌乱不堪,但也非常有意思!很明显,要认识到,如果孩子对外面明亮的光、热以及声音敏感,那么,只能在他放松和感到舒服的时候才可以尝试户外活动。

可以在外面尝试下述一些活动:

☺ 用刷子或绳子将颜料轻弹到纸上。这个活动可以很好地用来提高孩子对沟通的期望和动机。开始时,你可以自己演示这个活动几次。在你轻弹颜料之前,可以利用欢喜的喘息间隙来形成期待。看着孩子,等待他做出一个沟通互动的行为(眼神接触、有意图的声音,等等)。在说"是吗?……让我们再做一遍!……喔……"之前,可以尝试让孩子认识到你正在对他的要求进行反应——就是他向你做出的沟通尝试带来了这一令人愉悦的活动。

☺ 将洗涤剂的瓶子装满水,在干的石板上用水流画一个大大的形状,或者用沙装满瓶子,做出不同的效果。可以每人一个瓶子,首先模仿他的形状。如果他画的是很随意的符号,但看起来有点象一个圆,就将之看作圆,然后你自己也画一个,说"汤姆的圆……妈妈的圆!"

☺ 将一张壁纸的内层贴在外墙上,让孩子拿着油漆刷子和一桶水性颜料。你可以试着在纸的两边画两个大大的点,鼓励他用一条线将这两点连起来。

剪刀和胶水

剪和贴可以是一项令人高度满足的活动。同样，要注意围绕注意力分散开展工作。如果剪刀仅仅是根据他们的意愿被作为玩的东西进行奖励的，那么，可以提供一些准备剪的材料。

☺ 为了避免使用剪刀的过程中可能引起的挫折，可以从专门的手工艺商店里选择高品质的安全剪刀。便宜的剪刀常常不能很好地剪东西或者容易散架——这会令你感到挫折，更不用说孩子了！可以用不同类型的剪刀进行实验。有些剪刀有弹簧，可以更容易使用，有一些则是为左利手使用者设计的。如果孩子的协调仅仅是发展迟滞，可以将剪东西这个任务再延迟一段时间，过几个月之后再来尝试。

☺ 对于喜欢舔胶水的儿童来说，要保证你购买的是安全的胶水。你也可以制作一张"别舔"的提示卡片来提醒孩子。

☺ 可以引入从旧的产品目录中撕下来的图片，如果你认为这些图片会吸引孩子的兴趣的话。

☺ 在制作家庭照的时候，可以尝试一次多拿一套，以用于你的手工时间。不要忘记对你外出、散步、去商店等事情进行拍照。孩子可以重新回顾这些图像，开始将他的经验追溯性地拼凑在一起。

☺ 可以尝试将各种形状剪下来以构成一个图案，例如，一个头、无袖套衫、裤子、脚、手。将它们一起摊在孩子工作区域的那一边。在孩子面前的卡片上，用铅笔画出图的轮廓，这样他就知道在什么地方粘贴什么，而不需要你不断地指导他。在必要时给予提示（身体的，通过碰他的手和形状），但是要尝试给他时间自己解决。壁纸样品册对于剪出形状和粘贴来说都非常有用。也可以尝试做一个房子或者汽车的形状。

如果孩子的注意广度太狭窄，那么一天就只粘贴一个单元，直到在一周结束时完成整个图案。

☺ 将不同的东西撒到胶水中：面团、纽扣、塑料包装等。要利用各种机会进行简单的轮流。要让它非常有趣——首先抓住物品，然后将它们掉到容器里，听它们发出的声音，当它们"跑""跳"进胶水时，要使它们栩栩如生。要抓住孩子的注意力！

手　工

绘画和自由表达是有关创造性的过程——享受这个媒介、其中的动作以及能够创造出一个标志或图像而没有过多被指导的感觉。做手工也是这样一个享受的过程，但是它还会带来对最终产品的满足感，是一个被指导、跟随指令以及知道你站在这一过程的起点正在朝着什么目标进行创作的过程。对自闭症儿童来说，这类高度结构化的活动具有很大的吸引力，但同时又是很困难的。虽然被指导会带走富有想象力地思考的需要，但是一个可触摸到的最终的作品可产生很大的动力，使手工活动变得非常具有吸引力。不过，手工活动中儿童与成人的互动水平很高，要求他专注、跟随言语指令、模仿动作，所有这些都可能诱发焦虑和烦恼。

对于某项特定的手工活动，可以尝试制作一系列图片提示，以便给你提供将要做什么的活动序列，并展示最终的结果。图片序列的视觉性本质也许有助于孩子理解他将要做什么，也使他会期待这个活动。相对于言语指令来说，它也具有更少的指导。

例如，若要做一个面具，你可以展示下述的制作顺序：

这里有一些手工制作的主意，孩子也许可以帮助你一起做，但只能期待他加入很短的时间。

☺ 可以尝试使用朋友和亲戚的照片来制作一个风铃，或者将它们粘贴到一块板上，而这块板可以被固定在孩子床边，让他看到。

☺ 如果孩子喜欢气球，让他选一张图片贴在气球上，或者在气球上画一张脸，将头发贴在气球上。给它起个名字和一个个性，这样当你绕着房间轻拍它的时候，它就能"活过来"。

☺ 对于"撕纸"的儿童，可以向其说明撕掉的纸有一个实际的用途，可制作纸模！让孩子在一个大的（旧的）平底锅里装满撕掉的纸，加入足够的水盖住纸，在炉上煮，直到你得到灰浆（大约 20 分钟）。加入一大调羹白胶水，搅拌均匀。让混合物冷却，之后让孩子将他的手放进去。你可以用这个纸浆做许多东西：

○ 将凡士林油涂在一只碗的里面，在外面涂满一层纸浆。将它放在烤箱上（设置在最低温度）或通风柜内（这也许要几天）干燥。首先用白色乳胶漆给这个新碗刷一遍，然后用儿童的广告漆进行装饰，或者贴上糖果的图片（从旧杂志上剪下来）。给碗涂上清漆，然后将它作为装糖果的碗。

○ 做纸"弹子"。孩子也许喜欢重复制作许多小球。一旦这些小球干了，你就能将它们用于轮流"投掷"的游戏——有关游戏的想法可参见第9章。

○ 可尝试将纸弹子贴在一张卡片上，做成字母的形状。一旦胶水干透，抓住孩子的手，跟踪字母的形状，提示他发出这个字母的音。

○ 将一个空的冰激凌桶装满一层浅浅的纸浆，将孩子的手压在上面，留下一个痕迹。然后让纸浆干燥。

☺ 做几个物品"分类"盒子，里面的物品都是从杂志上剪下来的：食物、房子、人们、动物，等等。一次使用一个盒子，和孩子一起将图片拿出来，并将它们贴在硬的卡卡上，或者贴在一个鞋盒子上，这个盒子可用于储藏玩具。当你们将图片贴上去时，要对每样物品进行命名。为了帮助孩子对每样物品进行视觉辨别，不要随意地将它们拼成"拼贴时尚"版——要在每样物品周围留下很多空间，之后可以在它们周围画一个黑色的边。

在每日课程中，要看看孩子感到很难理解或容易感到焦虑、挫折的事物，因为他没有沟通技能，无法表达他的恐惧。要考虑一下你能够在游戏的所有方面处理这些问题的方式，包括艺术和手工。例如，如果你打算一起开始一段乘火车、飞机甚至是公共汽车的旅途，你也许可以从看一本简单的书或者用玩具制作一个具有想象力的游戏序列(参见第14章)开始。随后你可以尝试绘画或者做一个模型——你甚至可以配合音乐一起使用。要将对这些事物的感觉与有趣、快乐联系在一起。

具有创造性，不仅仅是指颜料和纸——你自己也要在你的互动和游戏中具有创造性！

· 14 ·
编制具有想象力的游戏序列

娃娃家的房子、火车玩具套餐、玩具车库、微型人物、农场/动物园玩具套餐、建筑积木以及大量其他儿童的玩具都可以经过设计用来刺激和鼓励儿童的想象。当我们提到想象时，总是将它与幻想型的白日梦联系在一起；我们甚至认为，缺乏想象不是一种障碍，反而能够让人们专注于此时此刻和当前的现实。

但是，想象对于发展来说更具有基础性，它不仅仅是让儿童玩某一类的玩具。随着儿童的成长，想象会成为一个特别有用的社会工具。它让我们想象别人对我们的行为进行回应时的想法和感觉。它让我们想象某个特定情境下的结果或一系列可能的结果，这样，我们就能调整自己的行为，它让我们感觉到对他人的同理心和尊重——这些都是想象的社会效益！

例如：

杰克想象，当爸爸不在房间的时候，玩爸爸的计算机是一件多棒的事情啊。他想象他可以用不同的方式去玩这个计算机，那是件多么兴奋的事情！随后他想象爸爸对杰克违反其意愿这个行为的反应。Jack还想象如果他打碎了计算机会发生什么事情，这将使爸爸变得怎样难过和生气。

这个想象的过程让杰克做出了一个慎重的决定，不要去冒这个险。通过想象，杰克能够看到将来，并想象了一系列可能的结果。通过想象也使我们能够达到目标，实现梦想和抱负——它当然不仅仅是编制一些好的故事或有点艺术性。

自闭症儿童的一个核心困难就是表现出无法进行想象。虽然这是非自闭症儿童游戏的很自然的一部分，但自闭症儿童常常因这样的游戏而倍感挫折。即使自闭症儿童从来没有自然、流畅地玩过游戏，但仍然可以使用多种途径去鼓励他们想象的能力，这将在他们以后的生活中发挥非常重要的作用。

哪一类玩具？

要选择正确类型的玩具来引入此类风格的游戏，这需要进行相当多的逆向思考。你的孩子也许之前对汽车或火车玩具套餐感兴趣，但都是不恰当地进行玩耍（排队、旋转轮胎、堆高，等等）。将这些玩具作为起点是相当有吸引力的。但是，也许你最好先抛弃教孩子正确玩这些玩具的想法，直到他开始允许你去指导他游戏中的某一些事情。我们的目标不是用一个引发孩子困惑和烦恼的活动去代替一个令其舒服的活动，而是引入另一个活动，这一活动可以作为起点来帮助他恰当地玩各种玩具。

记住下述你在选择玩具时要考虑的内容：
- 简单。
- 现实。
- 熟悉。

简　　单

不管是哪一类玩具，开始时你都只选择引入一个或者两个单元，例如，从农场玩具套餐中选择两个或者三个塑料动物、一个建筑物，或者是两个玩偶和一张桌子、两个杯子和一个茶壶。虽然整套游戏玩具非常吸引人，但所有这些都会让儿童感到无措、困惑，并分散他们的注意力。一旦孩子掌握了其中的一个或者两个，那么你就可以引入更多的了。

现　　实

玩具生产厂家试图通过使用鲜艳的颜色/图案，在你从没有期待看见的地方增加面部特征（比如，在汽车或茶壶上），或者给予"卡通的"感觉，来增加玩具的吸引力。对于非自闭症儿童，包括其他特殊需要儿童，这些玩具真的会增加趣味性——它们增加了幽默、惊奇，激发了孩子们热情洋溢的想象力。但对自闭症儿童来说，在真实生活中看到的一个物体，在玩具复制品那里改变得远远超出他们的认知，这会令他们感到相当的困惑。鲜艳的颜色以及大量细节增加了已经在努力解码的自闭症儿童的感觉负荷。因此，要选择一些现实的物体，它们看上去很像它们想要表现的东西，也就是说，看上去像真的交通工具，而不是有着明亮的彩色、画着脸的东西。

在最近的这些年，生产厂家也已经意识到，儿童常常更喜欢看起来像真的物体那样的玩具。对于自闭症儿童来说，它们有助于缩小现实与想象之间的差距，你可以让孩子简单地模仿你完成某项活动，而对于这个活动，他可以用一个他明确认识的物体来理解，这样，他就减少了想象的困难。

总之，要选择孩子可以建立联系的玩具（娃娃家房子和家具也是一个很好的选择）。就像他在家里看到的这些物体，你也可以找到一套孩子从电视里知道的微型人物。

熟　　悉

非自闭症儿童能够在拿起一只火箭、一艘海盗船或者一座城堡时就知道如何恰当地来玩。他们能够做这个，是因为在他们短暂的生命里，他们已经直接和偶然地学会这些事情表征的是什么——通过提问、阅读故事和看图片，他们的脑海中就能浮现出他们想象的情节、能够发生在这些情境中的情节。自闭症儿童不具有这样的学习优势——他们需要通过每一个情境中的直接经验来学习。当儿童受到损害的想象力不能理解单词、不能浮现一个图像时，只解释一个概念是不够的——他需要一个实际的图像。

正因如此，如果孩子正在用一组玩具学习游戏序列，那么，熟悉就是相当重要的。因此，如果你决定使用一件动物园的玩具，要确保这是在孩子已经通过看图片等方式熟悉了概念之后。

要使例子尽可能简单、具体。要考虑一天当中——哪些情节（但是要简单）是你碰到过的；它也许是类似在穿过马路或建筑工地时看到一只猫这样的事情。如果这些事情发生过，要尝试提到这些事情，当你看着它的时候，要用非常基础的语言来描述这些情节，例如，"猫走路""挖掘机在挖路"。随后，当你玩游戏时要用相同的描述。孩子也许会在他脑子里重放这个情节，并将这个与他用玩具要做的事情联系起来。通过将想象性游戏建立在真实事件的基础上，你可以尝试为他创造意义。记住这些细节，特别是当它们很不寻常或非常令人惊奇的时候。要找到看起来很现实的人物，并对它们进行命名，也就是说，"妈咪和汤姆森"，等等。重演你在公园里做过的事情——如果汤姆森摔倒了，就让玩偶也摔倒！

正确的环境

在每日生活中，非自闭症个体在过滤他们不需要的信息以及加工与任务相关的信息方面存在很少的困难。当房间内到处是聊天的人时，这有助于我们将注意力集中在与我们说话的人上面；它意味着我们能够在电视放着或音乐开着时进行阅读或写作。我们能够一边说话和倾听，一边走路并调整我们走的路线以绕开障碍物。我们不仅加工进入我们感觉系统的庞大的信息，也有能力无意识地忽视大量多余的信息，阻断分散我们注意力的感觉。当我坐在这里，我很模糊地感觉到计算机的嗡嗡声、外面车辆的噪声以及楼下新鲜咖啡的香味；但是，这些感觉没有一个能与我对屏幕的注意——我的视觉输入相竞争。现在想象一下，如果你不能将这些事情排除在外面，集中注意力将是多么困难的一件事。自闭症儿童常常因为我们很少意识到的那些事情而导致注意力分散——令人发痒的衣服、太阳光从打开的窗帘那里照进来、冰箱的嗡嗡声、亮闪闪的灯光等。这些感觉不仅令人烦恼，会阻碍孩子将注意力集中在某个事物上的能力，它们还会令人不愉快到某个痛苦的水平。

之所以要详细描述感觉加工困难这一问题，其原因就在于每次当你尝试与孩子开始一项活动时，你就要将注意力集中在这个环境中的孩子身上。要努力认识到除了明显的电视这一背景噪声之外，对孩子来说可能存在问题的事物还有哪些。对各种感觉信息做一个简短的检查——检查可以被减少的噪声、太明亮的光线或者在墙壁上闪烁/有某个图案的光，很舒服而且不是很重的衣服（自闭症儿童常常会脱掉令他们感到很不舒服的衣服）、没有浓烈的香味（香水、咖啡、咖喱食品）。一旦你高兴地看到环境是正确的，你就可以开始了。如果你喜欢阅读更多有关自闭症和非自闭症儿童感觉方面的差异，可以试着读读 Donna Williams 所著的《自闭症和感觉》(*Autism and Sensing*)。

准 备 开 始

☺ 仅仅拿出你要玩的玩具，使游戏区域不会造成孩子的注意力分散。

☺ 要告诉孩子这是游戏时间，例如，玩"农场动物"，可以在你将玩具拿出来之前先给孩子看一张图片（一张素描或一张照片）。我在整本书中一直提到"图片提示"，因为它们是一种尝试和测试手段，有助于告诉有言语和无言语的儿童接下来将发生什么。图片提示可以让孩子有时间在心里为接下来的活动做好准备，并调整注意的重心。在本书末尾有一些图片资料供你复印。

☺ 给孩子看一张可以用作事后奖励的活动的图片（有关奖励物或强化物的建议可参见第 5 章），或者使用一般的"休息一会儿"卡片（具体也可参见第 5 章）。

☺ 限定一个特定的用于玩游戏的区域——对于小玩具，可以尝试桌面（撤除有图案的或者亮白的桌布，后者可能会有反光——淡绿色是一种很好的令人冷静的颜色)。你可以用一张大卡片（A2 大小），沿着中间画一条线，用以表示你的游戏区域和孩子的区域（同样要注意避免亮白色的卡片）。

☺ 对于大一点的玩具，可以在地板上铺一块平坦的地毯（强化地板也很理想）。如果你铺了一张有图案的地毯，就要尝试使用一张普通的小方地毯。

☺ 可以从两套人物／动物／汽车开始——一套给你，一套给孩子。用你的这套介绍如何游戏，但不要用指导和侵犯孩子空间的方式，以免让他感到不知所措。这些玩具为你提供了一个引入新想法的机会，可以让孩子模仿、复制并拓展他做过的事情。这并不意味着你必须出去买两套一样的玩具。儿童的农场玩具套餐、娃娃家的家具、积木、等等，常常有很多相同的东西。可以尝试制作另一个，以支持你的游戏，例如，小鸭子的池塘可以是一块椭圆的蓝色的毛毡或者卡片，草地可以是绿色的正方形，娃娃的床和浴缸可以由鞋盒子制作而成。

形 成 脚 本

谈论"脚本"也许听起来感觉有一点戏剧化，但是如果这是孩子第一次学习玩这些玩具，他就将需要支持：他可以依靠的、帮助他弄懂他在做什么的故事剧本。很有可能他已经为各种真实的每日生活场景形成了脚本（言语的或身体的）。有时候，我儿子会用一种新颖的方式来表达一些事情，但是总的来说，他只是利用这些他以前学过的、按照相同顺序放在一起（学过的词组）的单词集，在他感觉到它们有点关系的时候不时地应用它们。当他变得大一些时，他做这些的能力变得更好，也更复杂。通过用这个方式收集"脚本"，他正在学习产生正确的短语以应对它们出现的情况。在学习游戏的早期，同样的词组不时地出现在同样的游戏活动中，这不是自然的，绝对不具有想象性，但是这是很有益的；它给他的玩具以意义，使他能够去游戏，即使是以很有限的方式。

最初阶段的脚本应该是非常简短的，也没有什么讲究，例如，"妈妈和汤姆森在公园""汤姆森在秋千上""看——一只狗!"。

当孩子理解和重复这些脚本时,就可以慢慢地增加语言和新的表达方式(如果他会说话)。

☺ 用大张的卡片从视觉上对脚本提供支持,该卡片介绍了儿童要玩的故事序列。利用简笔画、照片或者来自书本的照片复印件,用三张或者四张图片介绍一个非常简单的故事,例如:

泰迪熊累了,在打哈欠

泰迪熊穿上睡衣

泰迪熊刷牙

泰迪熊上床

晚安,泰迪熊

开始的时候要尽可能让语言非常简单。

个案:乔纳森

乔纳森,3岁,收到了"第一套农场"玩具套餐,这看起来非常适合他;大小很合适,他很容易掌握,人物也很现实,不会让他感受到挫折。问题是他妈妈没办法让他关注到这套玩具。她将玩具放在地板上时,乔纳森总是跑来跑去,似乎那些玩具不存在似的。当她思考这件事情的时候,乔纳森并没有将注意力集中在里面有动物的任何一本书上（虽然他真的喜欢有拖拉机图片的书！）他能够命名猪和鸭子，但是其他的名称他似乎都忘记了，他只能重复妈妈说的。乔纳森的妈妈决定去看看他喜欢的相关的动物的活动。当他们去公园的时候，他喜欢坐在婴儿车里看鸭子和水，因此她决定下一次去的时候带上照相机，当他们在那里的时候，她通过一个非常简单的故事告诉他发生了什么，这个故事她以后也可以回忆起来。

他们在那一周里去了公园几次，当照片打印出来之后，乔纳森的妈妈将它们贴在一张卡片上，在下面写上故事的文字说明。故事如下所示：

"一天，小鸭子坐在树下面。一个善良的小男孩给小鸭子扔了一些面包。所有其他的鸭子都冲过来吃，但是小男孩给了小鸭子最大的一块。"

相比其他有关动物和鸭子的书，乔纳森更喜欢这个有真实鸭子照片的册子。随后，他的妈妈制作了两套游戏玩具，每一套含有：

○ 两只鸭子（来自农场玩具套餐）。

○ 一个人物。

○ 一块蓝色的椭圆形的毛毡（池塘）。

○ 一棵树。

○ 一些揉碎的纸巾碎片（面包）。

她在餐厅桌子上放了一张很大的淡绿色桌布，按照下面所展示的安排了游戏区域：

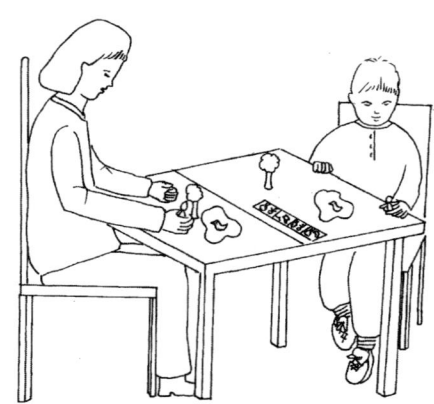

她将照片脚本直接放在乔纳森对面（现在她已经记住了），仔细地选择了最佳的游戏时间，然后她举起一张图片卡（卡片上有一只鸭子的轮廓），让乔纳森知道这是玩玩具鸭的时间。马上，乔纳森跑向厨房要求喝饮料（拉着她的胳膊往冰箱方向去）——这是他通常的逃避策略之一。妈妈利用这一机会，举起饮料图片卡，指着鸭子卡片，对他说"先玩游戏，再喝饮料"。然后她就坐在桌子旁边开始玩，就好像自己觉得很好玩一样，没有再让乔纳森加入。开始的时候，乔纳森忽视她，但是当他看到他熟悉的照片故事被放在桌子上时，这些照片就吸引了他。妈妈开始用玩具鸭子告诉他相同的故事。过了一会儿，乔纳森走了过来，开始拿起他的那套鸭子，模仿妈妈的动作。在头几次玩时，有图片的故事板放在乔纳森前面。但在一段时间以后，它就没有必要放了。他们发现了一起玩某样物品的方法，而这个方法是乔纳森以前所忽视的。

继 续 前 进

在几次训练时段里，乔纳森都模仿了妈妈的动作，妈妈尝试在脚本中引入一些变化，如果乔纳森自然地做了某个动作，她就模仿他，给他的动作一个单词——例如（当乔纳森把鸭子敲得扁扁的时候），"救命，我们要掉下去了"。乔纳森发现这个非常有趣，不断地重复这个动作。当他像这样放松、大笑的时候，他妈妈感到他们实际上是在互相联系，分享空间——他们真的是在玩！如果你在不同的脚本中利用一个特定的角色（比如玩具人物或者一个小熊），要保持一整天都能让他接触到——让它出现在你的衬衫口袋里，并且自然地将它纳入到你与孩子的互动中。

例如，如果你发现自己在玩"指指脸"的游戏，可以将玩具拿出来，指指它的眼睛、鼻子、嘴等。可以让这个角色去挠孩子的痒痒，或者跳到他的大腿上。引入一个新的类似填充玩具这样的角色的好方法，就是让它出现在你的口袋里（就像它是你自己的）。当孩子注意到它，拉它出来的时候，你可以说"你找到了斑点狗"，然后让狗回到你的口袋中。要限制孩子玩的时间，只让他玩几分钟——这将增加他对玩具的兴趣以及他"想要"它的动机。

总 结

- 要制造一个兴趣，它对你的孩子来说意味着某些事情——要基于分享的经验来进行决定（不管是常规活动，还是曾经发生并吸引了孩子注意力的一些事情）。
- 创建一个正确的游戏环境。
- 每一次仅仅使用3个或4个游戏物品。
- 使用照相或绘画，制作一本图片故事书，在下面写一个简短的故事

(脚本)。

- 一旦孩子集中了注意力,要制作图片卡或者提示,以告诉他之后跟随的活动以及奖励物/强化物。
- 重新制作故事脚本。如果孩子在随意玩,开始时可模仿他,直到他开始注意,随后你可以退回到脚本。目标是让他模仿你。
- 可以增加一些变化,看看孩子是否在模仿。同时模仿他做出的任何一种改变,对其动作用单词进行描述。通过让他看到他怎么玩会对你怎么玩产生直接的作用,来制造一种共享游戏的感觉。
- 伴随这些变化,开始时可以增加更多的玩具(如果必要,也可以拿走一些)。
- 要常常利用正强化来激励孩子。
- 不要忘记,游戏脚本可以用于沙坑(泰迪熊在海边)、水池、浴缸等地方。但是,最好从受控制的室内桌面游戏开始。
- 要尝试利用孩子的特殊兴趣,如果他有的话——但是要小心它们会分散注意力。
- 开始时要保持游戏时间简短——2~3分钟足够长了。孩子与你互动的质量远比你抓住他注意力的时间长短更加重要。要耐心——要判断孩子参与此类活动时的准备状况。如果你感到这超出了他的水平,那么,就要关注那些更简单的互动型游戏活动,具体可参见其他章节,比如第7章和第9章。当你感到你可以引发一个反应时,可以回到想象性游戏序列。
- 全天都可以引入游戏角色,要对孩子与你的互动保持自然的、反应性的态度。要认识到,限制他接触某个看起来很有趣、对你很重要的玩具,将形成并增加他去玩它的动机。

更多关于使用"脚本"进行游戏的建议

☺ 泰迪熊的茶会 / 郊游。
☺ 汽车停在斑马线,让行人穿过马路（使用画有黑色条纹的白纸作为十字路口）。
☺ 娃娃将垃圾扔在垃圾箱里（使用塑料杯子作为垃圾箱）。
☺ 娃娃准备上床睡觉（梳头发 / 刷牙，清洗）。
☺ 大象 / 犀牛 / 企鹅在动物园洗澡（每一个用一小碟水，塑料动物园模型）。

我不会画画！

如果你认为自己不善于画画，那么，画"故事板"和图片提示这件事情看起来让人畏惧。但是，你真的只需要画出非常简单的不同姿势的"枝条人"，随后再加上桌子、椅子等的简笔画。例如：

如果你能够花些时间掌握一些基本的简笔画手法，那么，对于所有与孩子沟通的方式——从图片日志到用言语和语言帮助他，都是非常有用的。

如果你真的很纠结，那么就回到照相机——将玩具按照脚本的序列放好，然后拍三张或者四张照片。一个基本的傻瓜照相机是很好的投资。胶卷相对贵一些，而且一卷普通的胶卷可能要花掉一个月的时间才会用完，并用于制作。如果你有一台电脑，也可以考虑数码相机，或者可以尝试剪贴艺术作品以获得各种图像。

问　　题

如果孩子很抗拒，甚至不看正在进行的事情，更不用说参加了，可尝试下述做法：

- 将故事板忽略几天时间（将它粘贴在冰箱/门上），找到尽可能多的机会让孩子去看它。如果他仍旧没有兴趣，可以尝试另一个故事。
- 求助于你的捕捉注意力的手段（参见第 2 章）。
- 查看你的奖励卡是否有足够的激励性——它也许需要改变。
- 制作一个你自己玩的录像，让他模仿（参见第 12 章）。
- 查看你的时间是否是对的，他有没有过度疲倦、不安、饥饿、需要上厕所。
- 有没有一个特殊的兴趣可以让你编到脚本中？
- 尝试将所有的物品放进两个盖上盖子的卡片盒子（鞋盒是比较理想的）或者神奇的礼物盒子中——用全息纸盖住，这将是非常具有吸引力的。看看孩子是否看它，模仿你将东西拿出来，放回去，一个接一个。这可以让他习惯抓握这些物品以及观察你，同时也是在完成一个相当简单的任务。随后你可以将此作为一个起点。

这似乎很费力！

这确实费力，但是要记住，你仅仅是将想象游戏的第一块积木放在了位置上，给了孩子一套对他和你都有意义的动作（如果他会说话，就是动作和单词）。尽管他存在交流和想象障碍，但是从这些尝试开始，我们的目标就是要增加他迁移的能力——将一个脚本迁移到另一套不同的玩具上，以及不同的结果上。他也许从来不会像普通同龄儿童那样玩得优雅和流畅，但是也会有几种玩法，这意味着：

- 如果他理解了如何与玩具建立联系，他将在托儿所/幼儿园适应得更好。
- 在他可以拿到不同玩具的其他人的房子里，他将不会完全迷路。
- 你将有一种途径向他展示某种行为是如何引起其他人的反应（比如，如果你推了或者伤害了另一个小孩，他将很伤心）。
- 你将有一种方式，可以重演和强化他对过去发生的事件的理解。
- 你将有一种工具，可以提醒他在正常情况下不来可能发生的事件或者令其惊讶的事情。

对于自闭症儿童来说，用玩具创造具有想象力的情节是要求很高的游戏任务之一，但是就像所有玩耍和学习一样，可以将之分解为一些简单的动作，让儿童可以与之建立联系、模仿和拓展。

· 15 ·
引入书和阅读

问　　题

对于非自闭症儿童，假设他们并没有专注于一些你要求他们注意的事情，只需告知他们，"让我们看一本书吧"，那么，在之后的时间里，你将使他们停留在你身边，他们会认真地听你说的每一个单词。一起阅读为儿童提供了很多可以探索新概念、图像以及语言的机会。它能满足儿童所渴望的一对一的关注以及身体的亲密和安全。自闭症儿童发现所有这些都是问题，其原因如下：

- 坐下来听一本书，对于孩子当前正在参与的任何活动来说，都意味着休息——即使这看起来毫无意义，就如平衡绳子或抖动纸张一样。孩子所偏好的活动带走了他所有的注意和关注，就像将他从真实的世界中带走了一样，而真实的世界是很令他感到痛苦和困惑的。让他休息一会儿也许是一个相当愉悦的经历。

- 书是改变的潜在资源——有新的单词要听，新的图像要看，要努力去解释——所有这些都是引发焦虑的实际来源。孩子所有的能量都会转入到重新制造相似性上面，学习一本新书的重要性在于要深入到不熟悉的事物中，用新的想法刺激感官。这对孩子来说是非常可怕的想法。

- 绝大多数自闭症儿童都存在不同程度的感觉问题，听觉加工问题也许使得他连听你的声音都感到相当不舒服，感觉防御会使身体靠近（特别是如果你用胳膊抱住他）同样成为一种不愉快的经历。

- 一起阅读和看书是一个共享的经历。孩子也许拒绝让你进入他的空间，拒绝有这么多的共同经历。

- 可能存在外部的干扰因素，比如背景的噪声——不仅仅是明显的电视和广播声音，还有闪亮的灯光、加热器、车辆的噪声，等等。它们也许已经在轰炸孩子的听觉器官，使他专注于你的声音变得更加困难。

如果你正在鼓励孩子不仅仅和你分享一本书,而且是真正地享受它,这将需要你多么大的坚持。但是,通过这个活动,你的付出将会得到无限的回报,这个活动几乎在任何地方都可以做,不需要任何特殊的装备,你也许只是享受你自己——特别是与此同时孩子放松地和你拥抱时!

准备开始:一起看书

问自己下面这些问题,尝试确定你的起点应该在哪里:
- 孩子对书已经表现出一些兴趣了吗?也许他喜欢拿着书在房子里到处走,将书排成行,用书支撑其他物体或将它们撕掉?仔细观察孩子——看看当你捡起其中一本看的时候他做了什么。
- 他喜欢的角色是书中的重要人物吗?他看特别的电视节目或听喜欢的 CD 吗?
- 他有特殊的迷恋的东西吗——垃圾车、门、灯的开关或吸尘器等?
- 有什么东西会让孩子发笑吗(挠痒痒/吹泡泡/气球/傻傻的声音)?

所有上述这些都可以为以下介绍的方法提供基础。下述案例介绍了如何观察孩子,以及随后如何利用一系列明显的小目标,这些能够帮助你获得第一个突破,让孩子能够享受书。

个案:彼特

彼特,3岁,喜欢以使用其他玩具和物体相同的方式使用书——将它们堆高成塔或者沿着房间逐本边对边地将它们罗列起来。不管妈妈什么时候尝试读一本书,他都会拒绝她的"安排",将书从她的膝盖上拿下来,扔到地板上。他妈妈努力地让自己显得热情洋溢，跟他说"哇哦，让我们读这本书吧。看，彼特，过来看看"，但是这看起来将彼特的怒气激发到了顶点，直到他变得非常烦恼，此时他妈妈才重新将书放好，并撤退到一个安全的距离！

彼特的妈妈决定慢慢地减少他能拿来堆高的书的数量，每天晚上拿掉一本或者两本，持续一段时间（在彼特上床睡觉、不会看见这件事情发生的时候做）。随后她开始引入一本他以前从未用于堆高的书（这样彼特不会马上将书与这个活动联系起来）。她用下述方式做了三天，每天两次，一次20分钟：

1. 看一本书，坐在有一段距离远的地方，而他在做他自己的活动。
2. 看书，坐在靠近他的位置，他正在吃点心。
3. 用安静的声音读书给自己听，而彼特在房间里移动。
4. 与彼特一起坐下来吃点心，用安静的音调读书。

彼特的妈妈尽可能让她的方法间接一些。她没有将彼特的注意力引向她正在做的事情，直到她感到彼特已经准备好接受这件事情。

在之后的一周里，彼特的妈妈将她的音量增加到正常的范围，能够在更加靠近彼特的位置坐着（仍旧读相同的书）。

彼特的妈妈确保她选择了合适的时间作为训练时段，这样它们不会与彼特饿了、累了或者焦虑的时间相冲突。她确保他们有充足的时间——拔下电话，保证背景噪声在最低水平。她所选择的书严格地只用于阅读，且放在彼特可以够得到的地方，留给彼特的只有2本书，他不再用它们来堆高（虽然他仍旧继续用其他物体堆高）。

现在，彼特的妈妈让他接受了书，她将继续努力帮助彼特将书与其正确使用建立关系。

个案：费伊

费伊，7岁，喜爱看他妈妈用吹风机吹头发。实际上她喜欢碰触和抚摩任何人的头发，这对她父母来说是个很大的问题。费伊有一些恰当的游戏活动，但从来没有发展出对书的兴趣。她妈妈从来没有看到过她看一本书，即使费伊非常被动，不拒绝妈妈大声地朗读，但她仍旧对书表现出毫无兴趣。

费伊的妈妈决定利用费伊对头发的迷恋为她制作一本图画书来看。她收集了吹头发的图片，设计了发型的目录和图片，这些图片来自杂志，她将它们贴到一本剪贴簿中。在书的最前面，她贴了一张娃娃的图片，并粘上了一些娃娃的头发（留下尾部可以让费伊触摸），粘了一个"遮盖物"在上面以增加兴趣。她通过说"哦，看……娃娃的头发"来引入这本书——然后掀起遮盖物。现在，费伊的妈妈抓住了她的注意力。费伊现在对一本书有了兴趣，知道从前往后翻页了。

费伊的妈妈利用费伊特定的兴趣为其进一步的阅读搭建了第一块积木。她也为费伊强烈的碰触头发的冲动提供了恰当的释放机会。

想　　法

☺　如果孩子有非常喜欢的电视角色，非常棒——你常常能找到很多相关的书。一次引入一本书（从非常简单的一本开始），不要担心使用一本针对很年幼儿童的书。练习的目标在于在一起看书这一分享活动中发展兴趣。

☺　开始时安静地读相同的书；如果孩子没有表现出拒绝，慢慢地增加音量。每次只读同一本书，但是一天中会读几次。如果这本书有韵律，就用唱歌的声音进行朗读，每次朗读时要保持一致。你可以使用简单的立体翻翻书，朗读就好像是出于你自己的乐趣，当你读的时候可以给出解说，例如，"我想知道下面是什么呢？……一只狗！"即使你感到孩子没有注意，也要继续——此时他很有可能正在注意你。

☺ 做一本有关"兴趣"的剪贴簿——你所知道的孩子不会抗拒去看它的任何东西。

☺ 如果孩子表现出对特定组织物的偏好，可以使用下面其中一种盖住你仔细选择的书，例如，泡泡包装、银箔或者毛织物。

☺ 设定一些常规的时间用于阅读，但不要太死板——要跟随孩子的步伐。

☺ 根据孩子的接受性语言水平调整你对材料的选择——而不是他的年龄。

☺ 当你朗读时，比正常的速度要稍微慢一些。

☺ 要保证第一本书非常简单和短小。要寻找那些不烦琐、没有过多细节的插图书。如果你在看书的时候都需要很专心才能看懂书，那么你的孩子可能不会对它感兴趣。

☺ 如果开始时让孩子参与非常困难，可以尝试使用奖励物，这样他会忍受你读一本书或与你坐在一起。例如，如果孩子喜欢挠痒痒，那么可以通过说"很棒，朗读"然后挠他痒痒来强化他。可以尝试从一本挠痒痒的书开始——参见后面部分"可尝试的特殊的书"。

继续前进：为意义而阅读

只要父母很少的输入，非自闭症儿童就学会了将意义应用到他们所阅读的材料中。他们常常在入学年龄前就形成了分享书籍的习惯，发展了对阅读的兴趣。有一条途径可以与孩子分享书籍，就是自然地、不费力地鼓励他们将图片与单词联系起来，理解和预测故事的线索，一口气获取大量的信息。父母通常用手指点着单词（从左到右），以便让孩子的注意力集中在文中的关键之处，同时讲解图片，解释新单词的意义，并留一些空处让孩子填写单词。这个故事可以与儿童生活中个人的事情有关，例如，"你记得什么时候丢了你喜欢的泰迪熊吗？"或者父母可以让孩子预测接下来将发生什么。这种分享书籍的方式对于制造儿童正在阅读的单词的"意义"是一个很好的指导。

为意义而阅读所存在的问题

对于自闭症儿童来说，感觉负荷过度和对指导性互动的拒绝意味着许多自然的、常见的鼓励阅读的方式会分散他们的注意力，对他们毫无意义，最终令他们感到烦恼或非常无聊——"我不理解这个，因此，这毫无意义"。

自闭症儿童识字能力发展路上的另一个阻碍就是，首先，获得"进入"是为了发展对书的兴趣。在你尝试增加他对内容的理解之前，要利用本章之前介绍的一些想法，花费尽可能长的时间，鼓励孩子在你在的情况下感受看书时舒服和放松的感觉。

如果你已经让孩子进入这样一个阶段，即他允许你向他读一本很简单的书，享受它，并表现出倾听和理解这个故事，同时他也有一些喜欢的故事，并正在学习指点，那么，这是你开始发展他的理解和早期阅读技能的时候了。这也许要经过几周、几个月甚至几年持续不断的辛苦工作，但是一旦你找到一条获得孩子关注、激发他分享看书的动机的道路，你就有了很有用的工具，可以帮助他理解所有形式的经验。

不要因为你已经抓住了孩子的注意力，就去给他讲述更长、更复杂的故事。相反，为了帮助孩子理解正在阅读的故事，要在构建灵活性上非常缓慢地努力。非自闭症儿童常常很快乐地让你讲解你所朗读的内容，向你提出问题，让你停下来然后再开始讲故事——他们不断地调整自己，而且很灵活。自闭症儿童会发现这样很困难——他们期望会有一些来自于熟悉的书的特定的单词；相同的单词让他们感到舒服，也能够预测。一旦你有了一本或两本孩子将要听的书，你就需要测试他允许的灵活度。朗读一行或者两行，然后说，"熊的鼻子在哪里呢？"孩子也许会因为你偏离了脚本而变得激动，或可能试图走开。不要进一步进行详细说明，你可以指着熊鼻子说"在那里"，然后继续这个故事。

☺ 在一天当中，要重现书中某些部分的内容。例如，如果孩子踮脚尖站着，你可以说"看——像书里的小兔子"。然后找到这本书，给他看（随后他也许会要你给他读）。要尽可能找到许多方式，使孩子理解这本书不仅仅是字母和声音串在一起的组合，而是讲述了一个故事。

☺ 可以尝试在孩子够得着的范围内留下几本书（即使它们会被用于其他目的）。如果他会说话，喜欢复述整本书，那让他用这种方式练习语音。但是要确保你也在与他一起读这本书，讲这本书的内容，以增加他的理解。不要对孩子新的才能感到太兴奋。它听起来令人印象深刻，但是如果孩子对内容没有理解的话，最终会毫无用处。

☺ 一旦孩子能够辨认、指向书中的某些物体，就可以转而用语言对之命名，同时要根据孩子的速度缓慢地引入这一内容。开始的时候你也许需要帮助他发出第一个字的音，或者让他完成句子中的最后一个单词，例如，"我们坐在一把……上"，他也可能短期内就会忘记这个物体的名称，因此要不断地对你认为他知道的词进行复习。在一天当中，要通过利用照片、实物、绘画等来指出相同的名称，以支持这一能力。要帮助孩子理解这不仅仅是某本特定书中的"狗"，而是它有个名称叫"狗"，它们的外表有许多不同的形状和颜色。

你的孩子在泛化方面的问题包括分类困难。不要期望他仅仅因为知道某张图片的名称，就能自动地命名实物。

☺ 当孩子的语言有进步时，你将能与他一起分享书中越来越多的信息。可以像这样提问——"这个男人在做什么"而不是"这里发生了什么事情"，用这一具体化的方式，可以帮助孩子选择正确的单词。可以尝试一些简单的选择句，如"泰迪熊是高兴还是伤心""热的还是冷的"，不要问太多的问题——一旦孩子表示，他已经够了的时候，就随着故事往前继续。想要达到这个目标需要付出很多精力。让孩子过于努力学习可能会让你冒风险，因为他会认为阅读不再是一件让人享受的事情，这将是一个悲剧！

如果孩子不会说话，那么上述的一些建议将是不太适合的。但是，你也许想做出调整去实验下某些想法，以提高他的接受性语言技能以及对书面单词的兴趣。

☺ 慢慢地努力去帮助他指向你问的地方。你也可以将他的手指按向一个点，手把手地移动他的手，如果这会使他烦恼，可以先触碰他的手然后再触碰书页，要常常强化自己的答案。如果孩子需要增加激励，可以给他提供。要让他为奖励物而学习！通过这样做，你可以确信孩子正在开始理解书中的内容以及它所使用的语言了。

☺ 除了书之外，你还需要一些额外的材料来帮助命名。一次可以从一个命名开始（假设你已经到了抓住孩子注意力的水平，他允许你抓住他的手指去指一张图片，并对它命名）。然后转到下一个内容，即他自己进行指点。一旦他一致地指点一些物体，可以尝试将他知道的、要命名的三张图画（包括一张书中你正在指点的图片）放在书旁边，例如狗，对他说，"找到狗"。期待孩子指向这张图，或者将狗的图片交给你——向你展示他已经学会了将这个单词从书中的图片泛化到了其他图片上。

作为一名语言受限儿童的父母，你也许需要一些照片或图片资源来帮助他们沟通。如果没有，可以优先考虑制作这个。要对每一样事物、任何一件事情都进行拍照，并利用你的计算机进行查找。如果你没有计算机，可以让你的朋友帮你查找一下，如 20 张家居物品的图片。让奶奶拍一下她的猫、房子之类的照片。其他人也常常需要你说得很具体。记住，要让命名对孩子来说成为一个愉快的经历，而不是辛苦的学习。在开始的时候，可以尝试每次只进行两个命名。

☺ 许多自闭症儿童和成人采取视觉思考，也就是说，不是回顾经验和事件，对于语言在他们脑海内部的个体，他们看到的是更加具体的图片。如果孩子对图片/照片的反应比语言更好，那么，他可能就是一个视觉思考者和学习者。要鼓励孩子对字母和单词进行辨认，以形成一些关键性的前阅读技能，要将结构落实到另一种沟通方法（书写）中，以支持他的语言。

☺ 在你日常的阅读时段，要引入文本和图片之间的关联，但是不要增加比此更多的东西，即不要让孩子用手去指，或者在指出文本的同时向他提问。一个时段做一件事情，因为对孩子来说转换注意的频道是很困难的。他已经在听你的声音，还在看你的手指——再注意其他事情就太多了。可以让孩子去看一本只有2~3个单词组成的句子的书，即使孩子正在读更长句子的书。不要放弃后者，但是当他已经看了普通长度句子的书之后，还可以去看句子更短的一本书，这能够让他的注意力回到书本中。

在几次训练之后，可以鼓励孩子快速地用他的手指在单词间滑行，以加强他对从左往右阅读的理解。每次可以说"指指单词"。如果他不愿意，不要逼迫他；可以碰触一下他的手指，用你的手指进行指点。

☺ 当你打开书的时候，可以要求孩子"找到起点"，告知他"结尾"在最后一页。

☺ 一天当中，可以让他指出标记、包裹上的文字、报纸等。

☺ 制作一本关于孩子生活中重要事情、人或场所的照片的书，在下面写上名称。不要忘记将孩子喜欢的有特殊兴趣的物品放进去。可以将之作为你用于建立文本与图片之间关联的第一本书。

可以如下述例子：

亚历克丝，妈妈，爸爸，琼斯，福吉狗，房子，电视，公园

一周或者几周以后，与孩子一起重温名称，说：

"这是我"（或者"这是亚历克丝"，如果孩子对说人称代词有
　困难的话）。

"这是妈妈"。

"这是爸爸"。

"这是我姐姐琼斯"。

"这是福吉狗"。

"这是我们的房子"。

"这是电视"。

"这是公园"。

☺ 可以将这个活动时段分散到其他你对课文提问的活动时段中，但是不要一次尝试几件事情。

☺ 要常常意识到，孩子正在努力加工多少信息，当他从一项任务转移到另一项任务时需要花多长时间。

☺ 一天当中，当一些概念出现时，比如"扮演""做梦""思考"，要强化孩子对它们的理解。例如，"妈妈在扮演哭泣/伤心，等等"，后面跟随着"现在开心了，只是在扮演伤心哦"。

故事序列和结果

为了帮助孩子理解序列，你可以尝试制作自己的简单的故事序列。从两个步骤开始，每一张卡片画一张简单的画。你也可以复印一本简单的故事书，将图片按顺序摆放，例如：

要使用那些你知道孩子很熟悉且容易理解的序列。接着，在他准备好的时候，你可以增加更多的场景。

你也可以购买一些已做好的排序卡片，范围可以是从简单的两步骤序列到相当复杂的七步和八步序列。不要忘记向你的言语和语言治疗师咨询类似这样的资源。记住，当你们一起看书的时候，可以讨论接下来会出现什么，在你们看下一页内容之前先预测接下来是什么内容。帮助孩子预测未来的事件有助于他应对转变以及常见的变化。

目　标

可以尝试建立一系列你和孩子能够努力奋斗的小目标，将它们写下来，这将会很有帮助——你没有必要花几个小时写"日记"似的记录；每周开始时，在你的日历表上用简单的一行字写下要达到的目标。请见如下样例：

第1周
准备和引入一本有关喜欢的东西的书。

第2周
鼓励汤米在一天中的两个5分钟时段和我一起看它（注意：准备一个奖励物）。

第3周
当我讲书中的内容的时候让汤米坐在我旁边。

第4周
引入一本真实的书，坐在与我有一定距离的地方。

你最终的目标可能如下面所示：

第12周
目标是读一本完整的书，从开始到结束，确保汤米能够自己指向所有物体，同时命名其中的六个物体。

显而易见，这仅仅是一个指南。目标的设定要很现实。看看孩子现在能做的以及不会很快达到的。如果孩子现在不会说话，期望他在三个月后对物体进行命名将是很不现实的。可以在指点、理解以及找到向你表达他想读的方式等这些方面努力。一次只要准备2～3周的目标；去想象未来三个月需要努力的事情只会让你对如此庞大的任务感到沮丧。另外，孩子也许会让你感到惊讶，有时三周的任务四天就轻松地完成了，有时又需要放慢进度。

一天10分钟看起来不是很多，但是，请记住，你在做这件事情的同时还在参与其他活动，那些活动有其各自的目标。要从最低的目标／最少的时间开始——这和你期望得太多比起来，增加总是更容易一些，沮丧也会更少一些。

观察、定时和准备

观察孩子对他的世界的反应——他的世界和你的是非常不同的。要尊重这一点，并利用它去走进孩子的内心。本书所关心的地方是你需要问自己的：

- 我怎么能让查理恰当地看一本书？
- 我怎么能让查理对书的内容感兴趣？
- 我怎么能尽可能地让环境舒适，这样他也许会看书？
- 对于我正在靠近它的方式，有什么打扰查理了吗？
- 什么时候靠近他最合适？
- 什么时候他看起来最具接受性／最放松？
- 我怎样告诉查理现在是阅读的时间——我是否需要一个符号、一个标志或一张图片来帮助他期待它？

- 我需要准备某本特殊的书或某个资源吗——我知道它会抓住他的兴趣吗？
- 我需要准备一个奖励吗？如果是，什么类型的奖励比较好（巧克力，喜欢的玩具，吹泡泡，挠痒痒）？我怎么告诉他读书之后会有这个？
- 我的目标是什么？

可尝试的特殊的书

☺ 许多父母表示，"立体翻翻"的书绝对是一种选择。它们通常语言很简单，在发现下面是什么的时候会有很令人惊奇的"奖励"。

可以尝试以下这些书：

《亲爱的动物园》（*Dear Zoo*）（Rod Campbell 著，London：Puffin Books, 1985）。（这个作者有许多书。所有书都是立体翻翻的书，使用很简单的语言，画面很清晰——对孩子来说没有太多细节需要加工）。

《小玻在哪里？》（*Where's Spot?*）（Eric Hill 著，London: Puffin Books, 1983）。

《金凤花的早餐》（*Buttercup's Breakfast*）（Ron Maris 著，London: Walker Books, 1999）。

《汽车，船，火车和飞机》（*Cars, Boats, Trains and Planes*）（Jeff Cummins 著，New York: Orchard Books, 1998）。

《挠痒痒的怪物》（*Tickle Monster*）（Paul Rodgers 著，London: Walker Books, 1998。）

《谁在发出噪声？》（*Who's Making That Noise*）（Philip Hawthorne, Jenny Tyler, Stephen Carwright 著，Oxford: Usborne, 2005）。

《躲猫猫！一本立体翻翻书》（*Peek-a-Boo! A Lift-the-Flap Book*）（Moira

Butterfield 著，Warwickshire: Scholastic, 2007）。

☺ 你也可以利用那些熟悉的亲戚、朋友以及家居物品的照片制作自己的立体翻翻的书。孩子将会发现，比起书中的图片，与他每日坐的沙发照片建立起联系要容易得多。这要花费很多的时间和精力，但是你将找到许多途径来利用这些有价值的资源。例如，一旦孩子已经接受了看这些书，你就能转向"查理——去碰碰灯／沙发／椅子……"等。许多年幼的自闭症儿童（包括我儿子）对门都非常着迷。代替普通的书页，而是让它们看起来像门——这也许可以增加书的吸引力十倍！

☺ 也可以尝试去看能用"唱歌"声音说出单词的书，或者有很多简单韵律的书。

下面有一些书可以尝试一下：

《这是熊》（*This is the Bear*）（Sarah Hayes, Helen Craig 著，London：Walker Books, 1998。这是一组系列小故事，有很美的插图和韵律）

《拍拍你的手》（*Clap Your Hands*）（David Ellwand 著，New York：Handprint Books, 2002。这本书非常棒的地方在于它使用了泰迪熊来表演动作，因此可以很好地用于象征性游戏活动。）

《过马路》（*Country Crossings*）（Jim Aylesworth 著，New York：Atheneum Books, 1991。一个小男孩和他父亲因为火车轨道停下来，看火车开过轨道。该书贯串着一些韵律、声音和意象，它们很好地抓住了火车开动时的兴奋。朗读它时可伴随声音效果和手部动作。）

《你能像考拉一样拥抱吗？》（*Can you Cuddle Like a Koala*）（John Butler 著，London：Orchard Books, 2003。本书有美丽的插图和简单的韵律，你可以朗读或者歌唱。）

☺ 对于阅读慢的个体，没有单词的书是非常有用的资源，适合于命名、谈一谈情感和预测结果。它们消除了书面单词对孩子的注意力干扰，这样孩子能够将注意力集中在图像上。可以尝试下面这些书：

《阿嚏》（*Ah-choo*）（Mercer Mayer 著，New York：Dial Books, 1999。这是一本非常好的用于讨论情感或者描述图片中事件的书。看看打巨大喷嚏的大象发生了什么。）

《打嗝》（*Hiccup*）（Mercer Mayer 著，London：Picture Puffins, 1978。这是一本可用于命名动作、看看因果关系以及回答"为什么"问题的好书。）

《雨》（*Rain*）（Peter Spier 著，New York：Yearling, 1997。美丽的插图帮助儿童跟随故事情节，谈一谈天气，预测接下来会发生什么。）

《星期二》（*Tuesday*）（David Wiesner 著，Logan, IA：Perfection Learning, 1993。一本几乎无字的书，有着非常棒的插图，描写了一队青蛙看到它们的睡莲开始飞起来时非常惊讶的样子。睡莲飞到池塘上空，穿过田野，掠过几只受惊的小鸟，飞到邻居家让那里的两个人感到惊讶，那里还有一只狗和一些要洗的衣服，它们脸上的兴奋不断增加。这本书对探索惊讶和想象是非常棒的。）

☺ 重复是令人舒适的，并有助于儿童理解。可以查看一下针对非常年幼儿童的书。那些作者知道婴儿和蹒跚学步的儿童很喜欢重复。同样，要忘记预期年龄——你7岁的孩子正在看针对1岁孩子的纸板书，这一点问题都没有。重要的是他正在看它！

可以尝试下面这些书：

《好饿的毛毛虫》（*The Very Hungry Caterpillar*）（Eric Carle 著，London: Puffin Books, 1974）。

《猜猜我有多爱你》（*Guess How Much I Love You*）（Sam McBratney, Anita Jeram 著，London：Walker Books, 1987）。

《我们去猎熊》（*We're Going on a Bear Hunt*）（Michael Rosen, Helen Oxenbury 著，London：Walker Books, 1993）。

《棕熊，棕熊，你看到了什么？》（*Brown Bear, Brown Bear, What Do You See?*）（Bill Martin 著，New York：Henry Holt & Co., 1996。这是一本有旋律且内容重复的书，被认为是可用于颜色和动物教学的好工具。图

画很简单，没有任何分散注意力的背景。文本非常清晰，具有描述性。另外，当儿童猜每个动物看到什么的时候，该书可用于教不同的观点。）

《帽子、袜子和手套：关于四季的书》（*Caps, Hats, Socks and Mittens: A Book About the Four Seasons*）（Louise Borden 著，New York：Scholastic, 1989。这本书描述了与可见事件和物体有关的季节。明快、简洁的文本清晰地将冬天、热咖啡杯和暖和的衣服建立起关系；将春天、割草和泥巴等建立关系；对于教具体思维学习者季节这一内容，本书是一个非常棒的选择。）

《10只小橡皮鸭》（*10 Little Rubber Ducks*）（Eric Carle 著，Glasgow：HarperCollins, 2005。当10只小橡皮鸭离开工厂，被装到一艘船上时，它们迷失在寻找另一个世界的路上，在路上它们遇到了真正的鸭子。本书描述非常简单，对鸭子进行计数可以用于奖励性互动。）

☺ 不要忘记幽默。孩子们都喜欢好玩的东西——要找到它并且调整你的材料。苏斯博士的书是个很好的例子。我本能的直觉是引入一本语言晦涩的书对于有语言/沟通困难的儿童来说不是一个好主意。但是，许多父母报告，因为某些原因，这些书常常很受欢迎。一般来说，这些书的共同特点是有大量的无意义的韵律（也许对于自闭症儿童来说，它们反映了他一天24小时生活的无意义！）。

可以尝试下面这些书：

《千奇百怪的脚》（*The Foot Book*）（London: Picture Lions, 1997）。

《布朗先生会学牛叫！你行吗？》（*Mr Brown Can Moo! Can You?*）（London：Picture Lions, 1997）

《我口袋里有只毛怪！》（*There's a Wocket in My Pocket*）（London：Picture Lions, 1997）。

《苏斯博士的 ABC》（*Dr Seuss's ABC*）（London：Picture Lions, 1997）。

也可以尝试：

《戴高帽子的猫》（*The Cat in the Hat*）（London：Picture Lions, 1983）。

《袜子里的狐狸》（*Fox in Sox*）（London：Picture Lions, 1980）。

《戴高帽子的猫大开本书》（*The Cat in the Hat Big Flap Book*）（London：Picture Lions, 1999）。

《苏斯博士立体翻翻口袋图书馆》（*Dr Seuss Lift-the-Flap Pocket Library*）（New York：Harper Collins）。

☺ 当长大一些以后，许多自闭症儿童会对真实的书中的现实主义感兴趣，这种书对他们的想象要求较少，或者会集中在他们特殊的兴趣上：电力、水、挖掘机、公共汽车。可以将这个作为欣赏书的一个途径，但不要鼓励它。最后它们会首先被作为阅读一个简短的虚构小说的奖励物。但是，不要催促。通常要跟随他们的步伐。

☺ 最后，值得引入这样一本书，这本书是某个大集子中的一本。当孩子已经熟悉原来的范式，对"新颖"的焦虑消失之后，这本书能够更加容易地扩展他的阅读书目范围。有很多这样的书——常常与某个特定的人物有关。可以学习某个孩子已经知道的人物，或者逐渐引入一个人物，可能的话可以首先通过电视来引入。

流行的角色

我觉得，天线宝宝的成功是因为它的生产者真正地观察了蹒跚学步的儿童的行为以及他们喜欢什么，也就是：

- 大量的重复。
- 很多韵律。
- 明亮的颜色。
- 简单化的语言。
- 可预测的模式。

这些元素非常吸引我的儿子。即使你对这些娃娃音感到怀疑（就像我一样），还是有办法解决这一问题的。例如，当你朗读的时候，你可以用

"你好"代替"嗯哦"。同样，有大量的相关材料供你参考。即使我的儿子已经超过5岁，我还是被引诱着让他看天线宝宝，就像我从没有发现其他节目像它这样如此重复、用如此简单的语言一样——它绝对值得一试。

父母还报告了其他受到年幼的自闭症孩子欢迎的角色：
- 消防队员山姆。
- 邮递员派特。
- 托马斯坦克发动机。
- 男人先生（也是一条很好地观察感情和抽象概念的途径——脾气暴躁的、傻傻的、淘气的，等等）。

光盘或图书的包装袋

你常常能够在绝大多数书店或互联网上找到光盘或图书的包装袋。可以选择一个简单的包装袋，上面还有你孩子熟悉的语言和概念。要记住，你的孩子在想象方面存在问题，还伴随语言障碍，因此，"神奇的"这个概念可能对他的意义相当小，这绝不会让人感到惊讶。但这并不意味着想象性的故事是不合适的，而是要尽可能简单。你的孩子知道泰迪熊是什么，知道吃东西是什么——因此，一只泰迪熊的野餐是他们可以很好理解的事情。你可以通过扮演与他的小熊一起参加野餐来提高他的理解（真正的食物将提供现实性和激励性！）。

☺ 一旦你发现一张合适的光盘或书的包装，可以先引入光盘或（间接地）——当作背景安静地播放，此时孩子已经在参与他喜欢的事情（吃东西、洗澡、重复的活动）。不要让孩子看到你放光盘进去——这可能引发他对什么事情即将发生的焦虑。首先让孩子慢慢地熟悉这个声音，直到他开始表示他注意到光盘正播放着（孩子需要多长时间，就播放多长时间）。要将这个作为进一步引入书的第一个步骤。

☺ 可以首先尝试托儿所旋律的光盘或书——音频故事常常看起来很长，有着复杂的语言，因此要等到孩子已经对语言有一个很好的把握后再开始使用。

记住，低成本、高度个性化的选择就是要记录你自己对仔细挑选的书或光盘的阅读使用情况。

早 期 识 字

为什么将识字放在一本关于游戏的书中？学会阅读和书写并不是说要坐在教室里或者安静地坐在桌子边快速地学习。它可以是在花园里奔跑、收集一个字母、将单词扔进篮子里、在公园里跑步以形成一个可见的字母形状，这些通常有着许多吵闹的、身体上的乐趣——这就是游戏！

单 词 辨 别

自闭症儿童常常觉得单词辨别是相当容易的事情——字母的形状是稳定的，可以预测的，而且构成了图案，当它们放在一起的时候常常说的是同样的事情，比如，"c"跟着一个"a"再跟着一个"t"，常常说的是"cat"（猫）。我猜想，在每件事情都相当不可预测的世界中，单词可能是一个可预测的令其感到舒服的来源。

首先，可以尝试下面一些想法，来增加孩子辨别书面字母的能力。记住，要变化呈现的方式，以便让孩子认识到手写的字母与打印的字母以及不同字体的字母的意义是相同的。

☺ 在大张的 A4 卡片上，写上单个字母（小写字母），将它们散放在房间里。玩一个"各就各位，预备……开始"的游戏，例如，"帮我将 b 带回来，各就各位，预备……开始！"记住，要用挠痒痒等孩子喜欢的事情作为奖励。要让游戏尽量简短（只有3～4个要求），以便保持兴趣。这个游戏不必限制在室内——可将它转移到室外，这样有更多的空间可以让他跑来跑去。你可以将字母挂在树上，藏在沙坑里，贴在花园的藤蔓、花朵上，等等。另一个成人非常有用，他可以给出指令，也可以和孩子一起跑，提示他去选择。这也是一个适合兄弟姐妹们一起玩的很好的游戏，很适合自闭症儿童，他们既可以观察，也可以参与。

☺ 可以练习用橡皮泥或面团制作字母，或者使用特别喜欢的东西（如果可能的话）构成字母，例如，几根绳子、喜欢的毛毯等。

☺ 在外面干燥的地面上用喷射型瓶子里的水写字母。

☺ 将字母刻在沙子上——自闭症儿童发现，相对于需要更多专注、时间更长的活动而言，这类活动的速度和即时性令他们感到更有趣。但是，如果你的孩子可以做很长时间的将东西排队的游戏，你可以坐在他旁边将你的那套东西（汽车/多米诺/弹子）排成字母的形状。

☺ 可以制作土豆字母印——你没必要将字母刻在土豆上：制作一个简单的圆圈或者正方形形状，利用很多标记组成字母（看下面的插图）。为了引导孩子，可以在纸上标记好让他敲印，或者通过"手按手"的动作，温柔地引导他在哪里印。

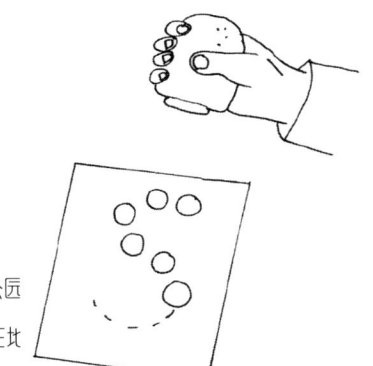

☺ 在花园或公园游戏，也可以在比状玩"跟随带头人"的后沿着它的边跑。当你

绕着它移动的时候，可以通过一直唱歌或说话来强化字母音，开始的时候可以利用字母的发音。

一旦孩子能够辨认字母表中的所有字母，可以开始将它们放在一起组成单词。上述所有的想法都可以用于整个单词。另外你还可以尝试下述的做法：

☺ 写下所有家居物品的书面名称，用胶把它们粘贴在房子周围。

☺ 玩拿回来的游戏，如"帮我将那个叫'灯'的单词拿回来"（通过将单词粘贴在物体上，能给孩子很多视觉帮助）。记住，要对孩子有很多鼓励和奖励，使这一活动非常有趣。

☺ 可以尝试制作一个突击训练场，例如，沿着一个管道爬行，在垫子上保持平衡，跳到豆袋上，收集单词"狗"（它被贴在柔软的玩具狗上）。如果你也加入这个游戏，你将会产生更多的兴趣！

☺ 在几次努力之后，可以将单词从相关物品上拿下来，尝试反过来的游戏，即让孩子将名称贴在正确的物品上。

☺ 用鞋盒子做一个邮箱，玩寄信的游戏。在卡片的另一面画一张这个单词的画，这样孩子就能自己通过看图片找到单词——你的太多指导和"帮助"将会是非常令人讨厌的。开始时可以让孩子记住他首先需要检查图片，然后对之进行更频繁的练习。

☺ 如果孩子没有准备好接受这么高水平的指导，可以只是命名物体。几天之后，可以将物品的名称拿下来，将它放在孩子能够注意到它的地方——他也许会把它放回到正确的位置！自闭症儿童常常用父母完全没有概念的方式吸收信息。

☺ 要认识到与特殊兴趣有关的活动常常有很大的学习潜力。

个案：李维斯

从很小的时候开始，李维斯就完全被洗衣机迷住了。他的父母给他提供了一个有把手的玩具洗衣机，这个把手可以用来让里面的筒翻转，他们成功地利用了他的这一兴趣来帮助他游戏。他们鼓励他将衣服挂在外面，熨烫，即使这类游戏非常重复刻板，但李维斯很专注，很开心，这改善了他一次盯着真的洗衣机数小时的行为。李维斯在4岁的时候还没表现出对字母的兴趣，即使他有能力，并且会说话，但他拒绝加入到类似看字母书这样的活动中来。

他的妈妈决定将字母引入洗衣机游戏中。她拿了一些小的白色的正方形手帕，她用记号笔在它们上面写了字母，将它们组成为"清洗"（washing）这个单词。开始的时候，李维斯对字母没有任何注意，但是他妈妈在他游戏的时候看着字母，当他举起手帕要挂起来或者将它们散开来以及看着字母的时候，她都坐在他的旁边，说字母音给他听。几天之后，李维斯开始记住了它们，当它们进入洗衣机的时候，他会说出字母。这样，再往前就很简单了。他们开始将三个字母的单词钉在玩具晾衣绳上，或者和妈妈一起玩"各就各位，预备……开始"的游戏，在几周之后，李维斯从不知道任何字母的发音发展到能够一致地辨认所有26个字母。

发展语言理解的活动

动词

在许多方面，动词就是语言的面包和黄油。它们告诉我们在做什么样的事情。例如，"泰迪熊坐着/跳着/睡着"。要保证，在开始的时候，可以通过你的动作或让玩具做这个动作让孩子理解这个单词的意思——记住，手指玩偶和玩具可以作为"第三方"，用于移去一些来自直接指导方法的焦虑。要鼓励孩子与你一起表现出这个行为。可以利用歌曲和动作韵律来支持这类学习。你还可以尝试以前的练习以及下述做法来让他认识动词：

☺ 在"各就各位，预备……开始"游戏中收集一个单词，然后做出这个动作。首先可以从很简单的一个动词开始。例如，你可以尝试"跳"着去收集单词"跳"。

可以收集一个表示动作的简单图片资源。你既可以从杂志上剪下这些图片，也可以自己画。你可以用下述方式利用这些复制材料。

☺ 将书面单词与动作的图片配对。同样，可以尝试给予这一活动很多富有意义的乐趣——要使单词和图片尽可能的大，用动作将它们表现出来，使用很多的奖励。例如，如果你正在外面游戏，在使用滑板之后可以让他进行一下匹配。

形容词

☺ 配对游戏经过调整后可以用于学习形容词。制作一块板，将不同组织材料粘贴在上面（毛皮、银箔、砂纸、棉花线，等等）。用一个单词描述每一样物品，并一致地使用，比如，"毛茸茸的""亮闪闪的""粗糙的""柔软的"。在每一样组织物下面写上单词。收集一些有明显组织特征的物品（柔软的玩具、勺子、绒球等），玩将物品与板上的组织物配对的游戏。

☺ 也可以尝试感受包里的物品（或者枕套），描述它们的感觉是怎样的。做这个的时候，你也许需要让孩子靠着你坐着，将你的手与他的手握在一起，抓住相同的物品。如果孩子不能忍受这一水平的接触，那就让他自己将该物品拿出来，同时你用口语和书面语对它进行命名。利用游戏观察孩子容易受到什么组织物的吸引，他对什么感到厌恶。有时，他可能喜欢将石头或勺子抵着脸颊，讨厌棉毛。这类游戏有助于你更多地理解自己的孩子，并将你放在去帮助他的首要位置。

介词

☺ 所有体育活动的游戏都可用于强化对介词的理解（上面、里面、前面、后面，等等）。我儿子几个月都不能辨认图片（泰迪熊在桌子下面的图片，等等）中所表示的"在下面"。当我抓着他的手坐在桌子下面，在滑板下面爬过去，或者用我的腿做一座桥，让他在下面爬行时，也在两天里就掌握了这个概念！在这之后，我们转向了指点图片，最后是匹配单词与图片。

人称代词

许多自闭症儿童发现人称代词（我、你、他、她，等等）很难掌握，使用时常常颠倒它们。有一年的时间，我儿子一直说"你想要饼干"，而不是"我"，也常常因"不，谢谢"这样的答案而感到挫折！为了帮助孩子获得一种"自我"的感觉，可以利用很多镜子游戏，以及谈一谈你有什么、你是什么，比如：

☺ 每个人拿一面镜子，或者肩并肩地坐着，看着相同的镜子，说"妈妈有长头发，贾妮有短头发；妈妈有蓝眼睛，贾妮有蓝眼睛"，等等。通过利用人称代词将这些分散开——"我戴眼镜，你没有戴眼镜"。

使用粘纸，将它们互相贴在对方脸上。看看孩子是否会跟随指令，"将一张粘纸贴在妈妈的鼻子上，将另一张粘纸贴在贾妮的下巴上"。

☺ 往窗外看，玩"我能看见"的游戏。轮流说"我能看见一棵树……一间房子"，等等。

☺ 利用两面都贴有图画的卡片，将他们举起来放在孩子面前，说"我能看见一颗球"。孩子用"我能看见一只狗"进行回应。这类活动也支持他理解这一点，即我们在同一时间没有看到相同的事情——我们有不同的立场。

请注意使用益智类玩具（第6章）和音乐（第7章）这些章节，它们包括了诸如"配对"这样的技能，要认识到不同、倾听、记忆、专注和韵律——

所有这些都是有价值的前阅读技能。

特别适用于自闭症儿童的书

《自闭症星球》(*Autistic Planet*)是一个神奇的世界,在这个世界里,所有火车都准时开,所有在办公室工作的人们都有摇椅,所有儿童都梦到赢了国际象棋,得到了世界杯。该书充满了彩色插图以及儿童感觉友好的韵律,这是一本有助于激励不同儿童、向他们展示他们也可以获得成功的书。

《关心自己:社会技能故事书》(*Caring for Myself: A social Skill Storybook*)。本书是一本具有娱乐性和教育性的社会技能故事书,它可以帮助自闭症儿童理解关心自己身体的重要性。书中全部用彩色照片做插图,充满了乐趣,用简单的步骤解释了关心自己实际包含了哪些内容。

《对不同的人有不同的问》(*Different Croaks for Different Folks*)。针对自闭症以及相关谱系症状的儿童,教师托德的课选择了社会和生理困难以及让年幼的青蛙陷入麻烦的行为。每一堂对一些主题给出了实用的建议,这些主题覆盖了从很难打破的习惯到生理协调困难等事情。

最　　后

正是基于这样的日常生活基础,即学会阅读看起来像一个难以捉摸、不具现实性的目标,自闭症儿童的父母在努力处理有关行为、焦虑以及沟通等大问题。对于一些儿童来说,情况就是这样,父母需要将重心放在共同游戏活动和沟通上。但是,即使一个儿童的沟通技能有限,假如他们的接受性语言在中等水平,那么,理解书面语以及能够在纸上(或者计算机)进行沟通,应该成为他们学习的最具价值的技能。互联网打开了一个完整的社会,人们能够在一起,以一种前所未有的方式进行沟通。即使是实际上完全不会说话的个体，也能发现他们有一些不可思议的自我表达方式。在他们身上，仍旧有很多自闭症的症状没有得到理解。在此基础上，对孩子的能力而不是障碍保持开放的态度，意味着在这个现实王国里要为他提供尽可能多的学习机会。

· 16 ·

问题、挫折感和发脾气:让游戏更有趣

首先处理你自己的挫折感

作为父母，我们常常感到，外部世界持有这样一种普遍的观点，即我们的孩子是他们与我们互动的产物，他们带着一个空白的、可编程的大脑来到这个世界，我们给他们爱、关注和鼓励，以产生我们期望在孩子身上体现的品质。但这一情况并不适用于每一个孩子。当然，他们所处的环境对他们要成为什么人具有重要的影响，但是，与这一因素一起工作的则是他们自己独特的生理构成——人格或者特质就反映在他们所说和所做的每一件事情上。

对于自闭症儿童来说，还有第三个因素——自然加诸于他们大脑、干扰了他们整个作为人的经验的一套参数。即使我们认识到这些参数是由于大脑的生理（而不是心理）问题所引起的，障碍的不可见性仍旧能够引发父母很大的压力，特别是在儿童年幼时期，父母努力去理解自己的孩子是一个"自闭症儿童"。我们发现，我们自己在看到生理"正常"（常常非常有吸引力）的儿童在公共场合表现得很奇怪、不恰当时，就想尖叫，"只要表现得正常一次就行了！"我想起在一家商店里我儿子摔倒在地板上，嗅着地面，仅仅是因为别人问他"你叫什么名字"，幸运的是商店老板微笑着说："这个年龄的孩子都会有点疯狂的！"她也许是对的，我们在年幼时能够侥幸地逃开很多可怕的"独特的行为"。之后的几年里出现了新的挑战，它们要求更多的创造性的解决措施。有一个无法拒绝的观点就是，任何年龄段的自闭症儿童在家里都会增加父母的压力——拒绝这一观点的人是很不现实的。

在我们能够处理孩子的压力和挫折感之前，我们必须首先处理我们自己的压力和挫折感，要领会到有一些事情是我们并不能做到的：

- 我们不能将自闭症从孩子那里喊、尖叫或者哄骗出来。
- 我们不能通过迫使我们注意和要求他的反应，使他"加入我们并回到我们的世界"。
- 如果孩子忽视一个我们觉得他应该有所反应的玩具，或者他拒绝我们试图碰触、拥抱或者安慰他的举动时，我们不能表现出受伤和生气的感情。
- 我们不能使用用在非自闭症儿童身上的相同的行为策略——"暂停"、撤销社会活动，等等（这些可能会被看作对儿童试图逃避参与的奖励）。
- 同样，我们不能对良好行为使用同样的激励策略——去看电影、打保龄球，等等（这些可能会被感觉为惩罚）。
- 我们不能期望，如果我们将自己年复一年地投入到孩子的"康复"中，他就会成为一名没有自闭症的成人。尽管他能够很好地发挥功能，但他的大脑仍旧常常会用不同的方式工作、思考和加工信息。
- 我们不能不断地将我们的孩子与非自闭症孩子和自闭症同伴进行比较——他的经验是独一无二的。

但是，我们能够对他发展中的大脑产生积极的作用。我们能够给他应对的机制，这样，当他的思维接受测试的时候，他有自己可以依赖的资源。我们能够理解他的状况，他的行为不再让我们感到充满挫折，我们能够用预期和结构来减少他内部的混乱。更加重要的是，我们，是父母，也是专家，能够最大程度地挖掘他学习、互动以及体验生活的潜力。最后，教养任何一个孩子，并不是我们能够为自己获得什么回报，而是我们能够给予孩子什么。如果那个孩子很特殊，那么，我们为他提供的必须满足那个特殊需要。

总的来说，我们所能做的是为我们自己、我们的亲属以及我们家庭的其他成员安排时间。如果这意味着寻求帮助，那么就去寻求；如果这意味着通过支持小组找到团结，那么就找到它；如果这意味着解决当前什么是最重要的，而将其他的留到下一年，那么就这样做。不管你要处理的压力和挫折处在哪一个水平，你孩子正在处理的将是它的十倍。作为成人，我们有自由和足够的成熟度去找到这些状况的解决措施——而你的孩子唯一有的是你。

在游戏的同时减少压力

本书的本质在于介绍一系列简单、实用的策略和想法，而这些都是你可以在最少压力的情况下用于帮助你的孩子游戏和互动。总之，它们是：

理解

要尊重孩子独特的经验，告诉自己，你能够最好地了解他的情况。尝试认识自闭症如何塑造了他的互动、行为以及沟通。我们不能常常为孩子寻找借口，我们只是亏欠他理解。对于一想到要穿一件不同于前两天他穿过的无袖套衫就歇斯底里尖叫的儿童，他并不是一个"不听话的"孩子，他是一个受到惊吓的孩子，被某种状况所控制，这一状况就像按了恐惧开关一样，每一次他所处的环境迫使他接受周围的那些事情，而那些事情则是不断在发生变化，远远超出他的控制能力。通过努力分析他的行为背后的意义，你可以找到最温柔的方式去改变它。你也能够将儿童期正常的挫折和焦虑从自闭症极端的、怪异的和令人困惑的表现中梳理出来。对自闭症经验的最动人的描述都是由成人和他们生活在这种状况中的孩子一起撰写的。

结构

要给孩子提供一种方式以理解他一天的生活。通过利用图片提示，形成视觉日志，为他提供一种方法，以便让他在心理上做好接下来将发生什么的准备。除了整个一天之外，也要对每个活动进行结构化，将它们分解为细小的任务。一次只完成某个特殊游戏活动中的一个小单元。可以利用他对例行程序的需求作为你的优势，在他期望的时间里引入正常的、简短的"学习"时段。

互动和沟通

在一天当中，要为孩子创造尽可能多的机会，用他愿意的任何方式与你互动。要配合他的行为，同时具有反应性。特别要创造可激励他与你沟通的情境。要使所有他试图互动和沟通的举动都是成功的。例如，如果他进行了眼神接触，或者任何有意图的手势或者声音，你可以用"再来一次？……是的，好的。我们再玩一次"这样的方式来回答。让他知道沟通会带来结果。不要只对口语交流进行努力；也要探索其他方式，去支持他试图沟通的举动。要鼓励孩子通过指点和选择图片提示来表达他的需要和期望。不要只对他可能需要什么进行"读心"，然后马上就提供给他——要教他能够通过尝试沟通来控制他的环境。

对于会说话的儿童，要对他所说的每一件事情进行反应。即使你不理解它，也要回答"我不理解——你能再说一遍吗？"要继续使用视觉支持，来增加孩子的理解，并帮助他对那一天的事件有所控制。视觉支持也可以帮助会说话但重复问相同问题（通常是关于事情/时间的顺序）的儿童：可以制作时刻表和日历表，在他进行了一段时间的重复提问之后让他参考它们。

间接学习

要认识到，与孩子直接、具有对抗性的互动会引发他严重的焦虑。要温和地处理他"内置的"对分享他的世界的经验的厌恶。要巧妙地：

- 将玩具和手指玩偶作为第三方来与孩子说话。
- 在镜子面前互相看，而不是面对面。
- 使用音乐、韵律，进行说唱。
- 要让自己参与活动，就像纯粹是为了你自己的乐趣。与孩子玩平行游戏,通过模仿他的动作和行为,对他进行反应。
- 想得到一个玩具,将它从孩子那里拿回来,以增加他要接触它的动机。

当孩子强烈地抗拒直接的方法时,要发展一系列的策略去尝试。

动机

要利用激励或者强化物去鼓励孩子参与简短的指导性游戏和结构化学习活动。它们可以是他所偏好的活动(比如挠痒痒)、社会奖励物(表扬、偏好的玩具,等等)、强迫固执或者独自一人的"自闭"行为,甚至是可吃的东西。要确信他清楚地知道你为什么让他获得奖励物——运用图片或口语在奖励物和他刚刚完成的活动之间建立直接的联系。要尝试将活动与由奖励物(比如,挠痒痒)引发的愉悦感紧紧地联系起来,不仅要激励他去再次尝试这一任务,而且还要让他记住这是一次令人开心的经历。

拿握时机

要认识到孩子具有接受性以及什么时候需要被拉回来。要观察引发他压力的诱因,也要观察他无法表达的、但正在干扰他与你互动的感觉。要观察他对特定食物的反应(特别是谷物和日常食品),要认识到他是如何表达他累了、饿了或者不舒服了。要根据他一天中"最佳"的时间制订活动时段的计划,如果他突然看起来很容易让你靠近,你就要准备自然地顺应这一趋势。

准备

要在晚上花费一些时间确定第二天活动的顺序。要制定他的视觉日志,这样他就知道从他起床开始,什么是期望发生的。要制订活动计划,这样你就只用按计划行事,而不是努力计划一个活动的同时还要观察你的孩子。

环境

要创造一个你的孩子不会对选择、噪声或者颜色感到茫然失措的环境。要保持游戏物品和他们的环境有明确的界定。

个体性

要知道和欣赏你的孩子现在是谁，而不是永远在追求他可能成为怎样的人。要有目标，并敞开你的心扉，接受他的潜能所拥有的所有可能性，但是绝对不要忘记他是一个独立的个体：只有他自己才能处理这个世界独特的经验。要尝试理解，并进一步了解孩子的思维方式——不要仅仅将他拉到一条"正常"的学习之路上。要花费时间和精力去找到他能接受的其他道路。

用于刻板儿童的灵活教养方式

尽管不同的自闭症儿童在行为上有许多不同，他们也会被放在谱系上的许多位置，但是所有自闭症儿童都要努力克服情绪爆发和挫折的问题。社会互动、语言加工、焦虑以及"维持相同的需求"等问题全部纠杂在一起，你能够感觉到你就像是与一个行走的"定时炸弹"一起生活着。常常，我们甚至不会注意到我们打破了常规，或者什么东西在"错误的"位置上。有时我们清楚地知道问题是什么，但是认为我们不能经常去适应孩子的行为。一旦我们知道他的行为举止为什么是以某种特定方式表现出来时，我们就能开始调整自己的行为，这意味着我们需要重新观察自己对孩子的期望是什么。

由 Ross W. Greene 所著的《爆发的儿童》(*The Explosive child*) 一书用一种实用和可接受的方式为父母介绍了这一主题，对于处理所有年龄段儿童的"爆发性行为",该书是一个很好的开始。

你不能一直阻止孩子所有的发脾气行为,但是,你可以创造一个好的环境,减少孩子发脾气的频率。

- 图片时刻表不仅有助于孩子预期游戏活动,还能减少他对某些事情的压力,比如客人来访、上床睡觉、等等。当你外出看朋友、看医生、看牙医、配眼镜、去商店等的时候,不要忘记带上相机。随后你能够将这些照片用在时刻表上。
- 要尽可能让口语简单。要将单词限制在那些句子的关键词上,比如,"以后去商店"。
- 一个视觉的计时器将有助于让孩子看到时间是如何流逝的,也能给他一种活动将持续多久的感觉。
- 如果孩子拒绝你的要求,并开始进入到一个恶性循环中,这时你要问问自己,现在他服从你的要求对你来说有多么重要。如果问题是有关安全的,那么,你就不得不坚持你的选择,和你的孩子一起度过这段情绪爆发时光。如果这不是一个安全的问题(比如,你叫他收拾玩具),那么,更好的做法就是绕过这个要求,将类似的要求放在以后的日子。
- 观察并认识他们产生坏情绪之前的情境。如果过去某些特定的动作或环境导致了孩子的烦恼和脾气爆发,那么,在未来的时间里要努力消除这些让孩子产生负面情绪的诱因。要调整玩具、移开物体(离开孩子的视线),要了解那些分散他注意力以及安慰他的事情。
- Carol Gray 著的《社会性故事》(*Social Stories*) 提供了一个很好的技术,可以用于某些事件之前和之后,这些事件常常是孩子不理解或可能引发他烦恼的。一个社会性故事包含一套图片和单词,你可以读给孩子听也可以让孩子独立阅读。每个故事都描述了一个社会情境或概念。每个社会性故事的目的都是为儿童提供社会信息,这将使其他人的典型反应更容易预测,更具逻辑性。常常,一个社会性故事要说明谁、做什么、在什么时候、在什么地方和怎样做的。主题不受限制，可以从很简单的问题如"穿衣服"到比较复杂的事情，比如"什么时候说谢谢你"，或者"看牙医"。

其中的社会性故事都是根据与自闭症儿童学习特征相一致的特定标准来明确定义并设计的。例如，作者仅仅使用了符合阅读者理解水平的语言。父母和专业人员常常写一些社会性故事，以提供有关社会概念和技能的信息，而这些社会概念和技能常常是有问题的。但是，值得注意的是，在所有为个别儿童设计的社会性故事中，有一半应该表扬儿童当前做得很好的那些技能，或者称赞儿童已经理解的社会概念。将表扬纳入社会性故事的书写中，对于形成儿童的自尊是非常重要的。有关社会性故事更多的信息，可以参见本书末尾的参考文献。你可以利用与孩子有关的照片，比如，去看奶奶，尝试制作你自己的社会性故事。同样，仅仅使用符合你孩子理解水平的语言，选择存在问题的那些主题，这样，在它们实际发生之前你就能帮助他理解和处理。

重新评估游戏技能：制定目标的需要

对于孩子的发展，忘记"我们在哪里"是很容易的。我们会陷入在努力鼓励孩子参与一两个活动中而无法自拔，或者因为我们的孩子不能在一个领域获得很多的进步而沉浸在无望当中。不要将注意力一次只集中在一个领域。如果孩子的言语技能很糟糕，不要人为在进一步推进之前他都必须完全专注于言语；可以看一看其他可以支持他沟通的方式——要在"分享空间"和恰当的行为表现方面进行努力。如果你的时间和精力有限，可以尝试用日志——也许只是记录新的单词或动作、引发他烦恼的事情以及他特别享受的事情。你写的内容要具体，例如，"今天约翰正确地将动物玩具和食品玩具分到了不同的盒子里"。每当过去6周左右，可以回顾一下最近的记录，看一看需要进一步努力的领域以及正在发展的技能。数一数你记录下来的孩子恰当反应的次数——将它与前面6周的情况进行比较。要欣赏和理解，当孩子长大时他的各种能力也正在发展。

享受你的孩子

你也许感到，设计和完成这些高度结构化的游戏活动以及找到克服孩子抗拒指导的间接方法，实在是太难了。但是，什么是更难的呢——是观察到孩子忽视你和他周围的玩具，让他自己沉浸在独自一人的自我刺激游戏中，看到他一次次从这个挫折和烦恼的发作转到下一次，还是为他弄清楚一些混乱动荡的状况，以及让他对你正在帮助他找到对世界的经验有一些意义而感到满足。

最终，如果我们能够找到一个"情绪空间"，在这个空间里，我们都能够同时占据对方的注意，那么，通过对我们尝试游戏和互动的方式进行一系列实际的改变，我们就能够找到一种方式，在这段特殊的早年时光里，让欢笑和反应性充满我们与他在一起的绝大多数时间。而最重要的是，游戏是一种很有乐趣的事情。对于所有儿童来说，乐趣是游戏背后的激励性动机，也是学习的激励性动机。对于自闭症孩子来说，他们游戏的方式常常存在"不同的特点"。他的乐趣不可能来自于常规的想象和成就活动，但是，如果能够鼓励他拒绝和克服内在逃避的动机，与人互动，那么，你就是在还给他一段童年。

当你作为专家观察员对自己孩子的反应和行为进行观察时，他也是一个专家观察员，在对你这个他生活中最重要的一位成人进行观察。要将你自己全身心地投入到你与他的互动中，要在你自己的生活经历中表现得很有趣，热爱美好的事物，对那些糟糕的事情一笑了之，要下定决心去充分利用孩子生命中的每一个特殊时刻。

可用的图片资源

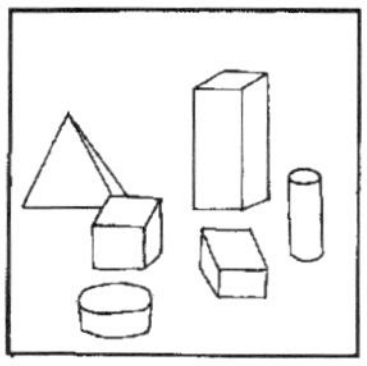
搭积木

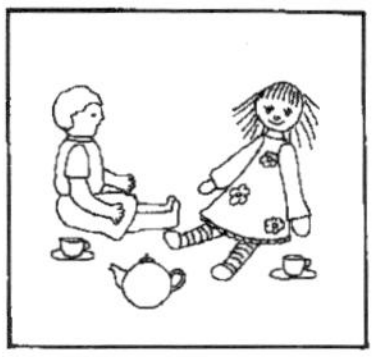
玩偶

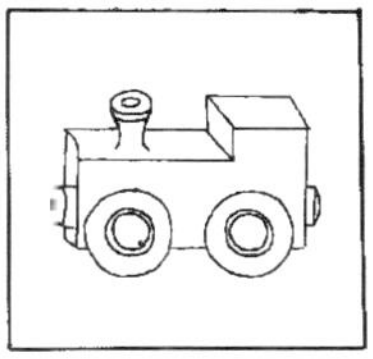
火车

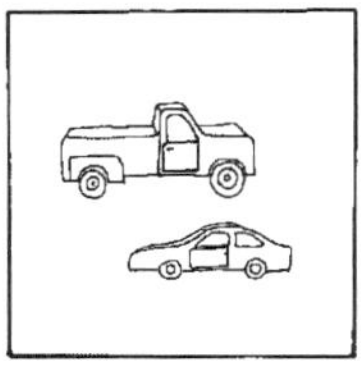
汽车

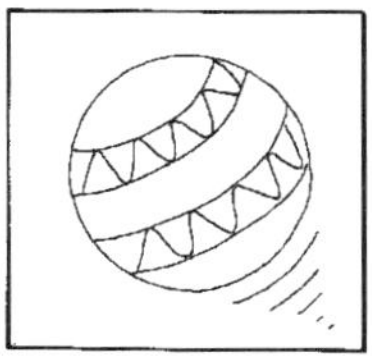
球

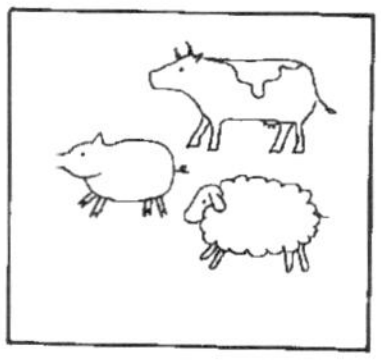
农场

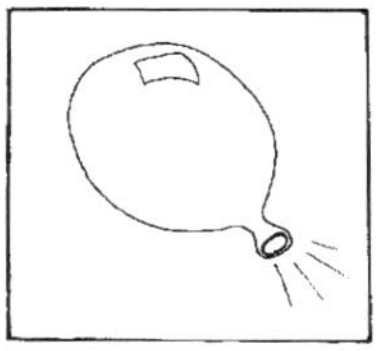
气球

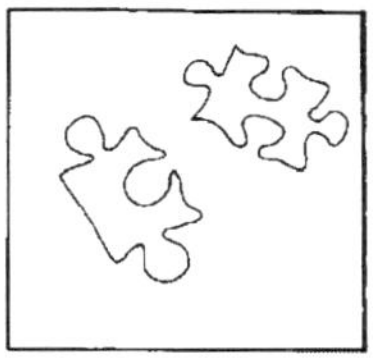
拼图

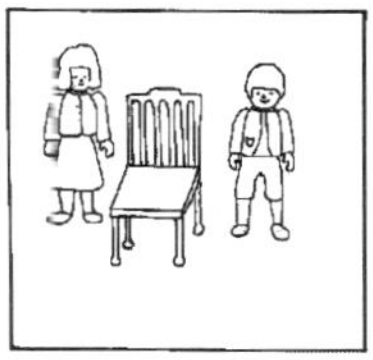
娃娃家

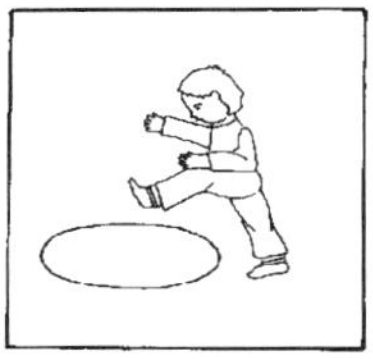
呼啦圈

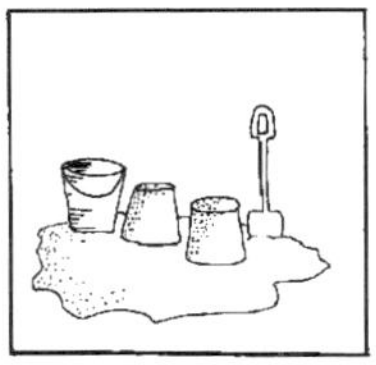
沙

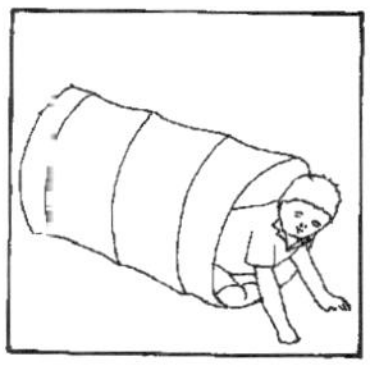
隧道

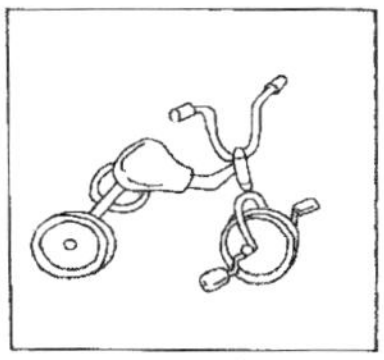
三轮车

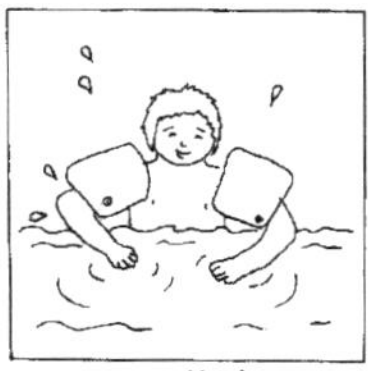
游泳

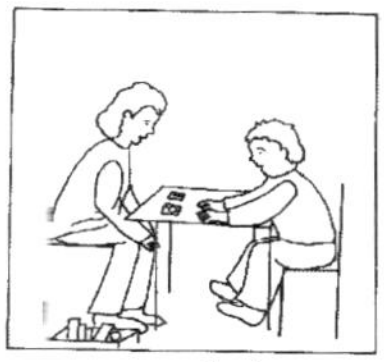
工作盒

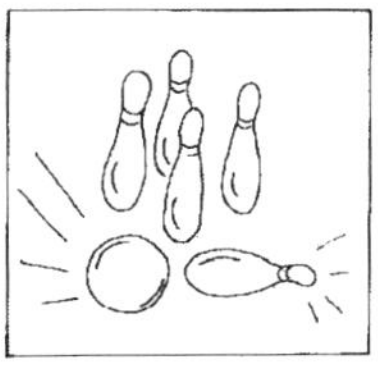
保龄球

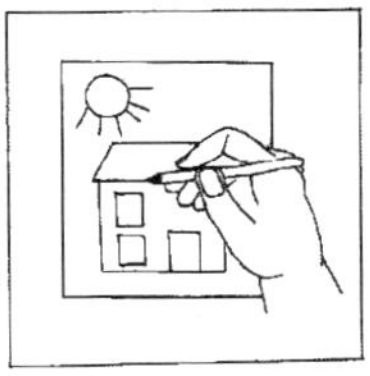
画画

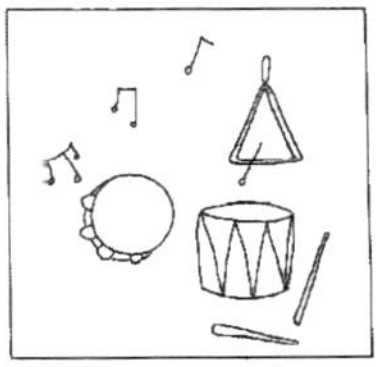
音乐

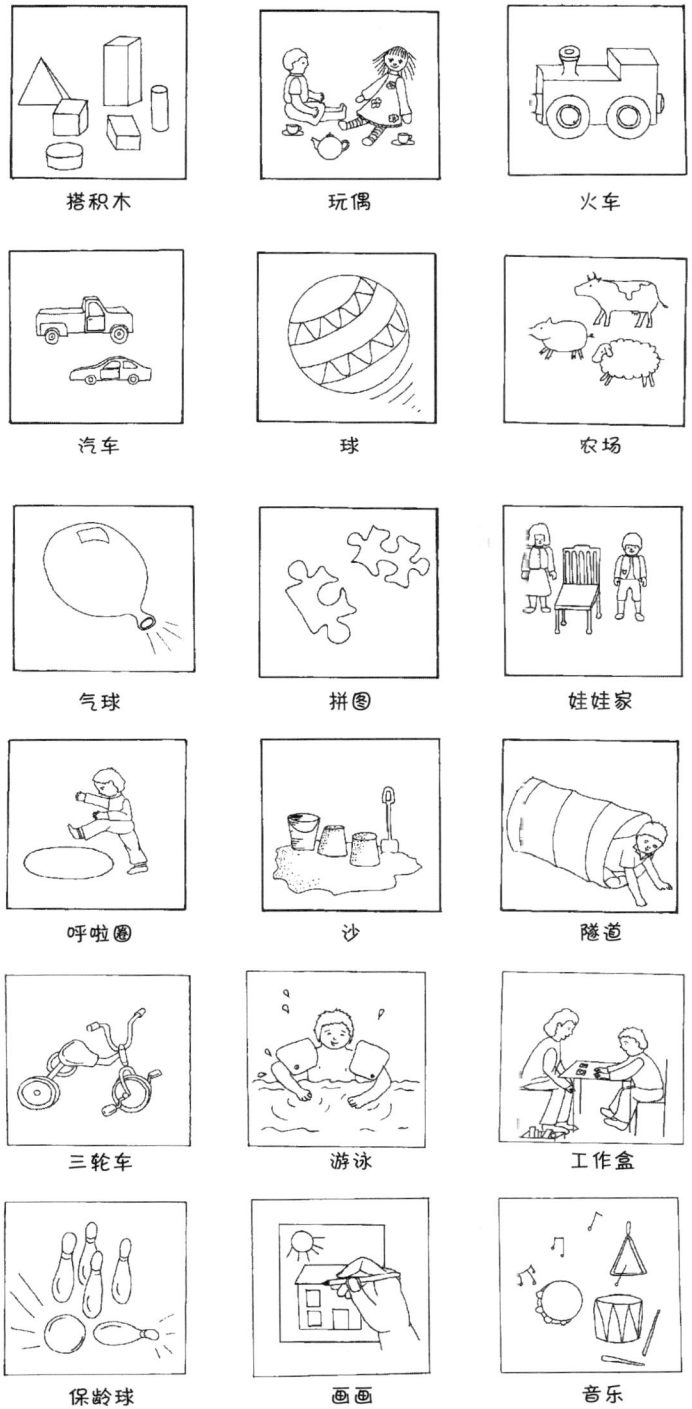